詩로 빚어낸 사찰기행

철따라 절따라

지종찬 시집

철따라 절따라

2012년 8월 20일 초판인쇄 펴냄

지은이 | 지종찬
펴낸이 | 박진영
펴낸곳 | 도서출판 명성서림

등록번호 | 제 2-3430
100-861 서울시 중구 충무로 2가 48-10호 3층
대표전화 | 02) 2266- 7774 팩스 | 2277-8945
이메일 | ms8944@chol.com

값 12,000원

ISBN 978-89-91901-63-6

詩로 빚어낸 사찰기행

철따라 절따라

지종찬 시집

도서출판 명성서림

시인의 말

울타리 밖 빈 들로 뛰어들어 앞만 보고 달려 온지 어느덧 30여 년. 문득 멈추고 주위를 살폈습니다. 산과 들이 뾰로통해 있습니다. 꽃과 벌, 나비 들이 샐쭉하고 온갖 새들이 재잘재잘 비웃고 있습니다. 지나온 길에도 아름다움이 있고 기쁨이 있고 이웃사랑이 있음에도 매미채 들고 위없는 무지개를 찾아 다녔습니다. 뜬 구름만 잡으러 다녔습니다.

생각지 않게 인도 불교 성지를 다녀왔습니다. 원불교 세산 법사님과 동행했습니다. 사유세계의 호기심과 가보지 않은 길에 대한 데자뷰가 꿈틀거립니다. 할머니 할아버지가 거닌 그 길에 눈길조차 주지 않고 오직 삶에 몰두해온 세월이 진정 뭘 모르는지 모르고 곡예를 펼친 어릿광대같이 느껴집니다.

비로소 진심어린 화해를 청해봅니다. 가족과 이웃, 산과 들, 해와 달, 그리고 별에게. 사계절이 즐거움과 고통을 노래합니다. 산과 들이 삶 이야기를 들려줍니다. 다니는 곳마다 사연이 숨어 있습니다. 흥분과 경이, 비통과 애처로움이 교차하며 심금을 울리고 파장을 일으킵니다.

시를 써보았습니다. 어설픈 지식으로 꿈을 꾸듯. 아니 넋두리라고 해야 옳을지 모르겠습니다. 부질없다는 걸 알면서도 그렇게 하고 싶습니다. 고통과 인내가 수반되고 뿌듯함보다 아쉬움이 남겠지만, 때로는 수행하시는 분들께 저의 과문으로, 혹은 실수로 허물되게 하지 않을까 두려움이 고개 들지만, 용기 내어 지금의 마음을 나누고 싶습니다. 옭아매든 풀든 지금까지 지어온 업에 한 줄 더 긋기로 했습니다.

이렇게 해서라도 눈길조차 주지 않았던 길을 조금이라도 알고 이해할 수 있다면 그나마 덧없이 보내온 세월에 약간은 미안함이 가실 것 같습니다.

끝으로 늦깎이임에도 문단으로 이끌어주신 은사 강범우 교수님, 면식도 없이 불쑥 내민 우고愚稿를 마다하지 않으시고 시간을 쪼개 과분하게 평설해주신 新豪 문학평론가님께 깊은 감사드립니다.

2012년 여름
지종찬

일러두기

* 사찰 창건연대와 인물, 전설 등은 해당 사찰기록을 따랐습니다. 그러므로 같은 인물의 연대나 이야기가 사찰에 따라 다를 수 있습니다.
* 답사기간이 경과되어 현재의 사찰모습과 다를 수 있습니다.
* 일부의 글은 계간지 <뿌리>에 발표한 내용입니다.
* 역사 전설 등은 사찰 홈페이지, 안내판(문), 지방자치단체의 역사문화 관광, 한국일보사에서 발행한 <신한국의 여로>, doopedia 두산백과사전, 인터넷자료 등을 참고했습니다.

차례

제2부

차례

제3부

차례

제4부

제 1 부

▲ 백암산 백양사 가는 길에서 '현호색'

문득 어느 날
늘 다니던 길에서
새싹과 꽃을 보고
모르던 걸
새로 알게 되었습니다

그날부터
그 길에서
진한 삶의 이야기를
보고 듣고
느낄 수 있었습니다.

봄 개구리

지난겨울 안거 들며 구도로 세운 대원大願
화두 들고 참구하자 봄볕이 따끈따끈
세상 밖 더 궁금하여 폴짝 튀어나왔나

코끝 벌름벌름 청향 깊게 마시다가
늘어진 기지개에 뼈마디 우드드득
동박새 지저귀는 소리 봄바람에 흥겹구나

초동初冬에 떠난 도반道伴 지금 어디 계시나
발심보리 굳은 신념 무상정각 얻었을까
돌담 밑 양지쪽에는 들꽃 벌써 피었네

지난 안거 돌아보면 세월만 축냈구려
장좌불와長坐不臥 맘 있어도 온몸이 욱신욱신
그 굳던 초심을 잃고 한잠 차마 부끄럽소

나른한 몸 꼼작거려 놀이마당 가자꾸나
매화꽃 몽우리 져 며칠이면 피겠는데
그리던 연못에 가면 벗님 소식 들을까

아니 이게 웬일이요, 사바세계 옛 친구들
개골개골 짝을 지어 운우지정 한창일세
저 마른 창포 우거진 연못, 못 볼 걸 보았네

얼굴이 화끈화끈 가슴은 벌렁벌렁
용트림 쳐 올라오는 욕정 한번 무섭구나
동안거 지낸 도심에 겨우 진정하였소

봄 없이 바라보고 들음 없이 만법萬法 듣는
찾는 길 다른 것을 착심 아직 못 버렸네
춘심春心이 몰고 온 번뇌 화두 새로 챙겼다.

전남 구례 지리산 남쪽 피아골에 자리한 **연곡사**燕谷寺를 찾았습니다.

이 절은 신라 중기 진흥왕 4년(543)에 화엄사의 수장이던 연기조사緣起祖師가 창건했다 합니다.

연기조사가 이곳에 와서 산수 지리를 살필 때 지금의 법당 자리에 큰 연못이 있었는데, 그 연못 한가운데에서 물이 소용돌이치더니 제비 한 마리가 솟아오르더랍니다. 그래서 연못을 메우고 그 자리에 법당을 지어 '제비가 연못 골에서 나왔다' 하여 연곡사燕谷寺라 이름 했고,[1] 지리산 피아골은 옛날 척박한 땅에서도 잘 견디며 구황작물로 재배하던 볏과의 한해살이풀 '피稗'를 이 지역에 밭을 일구고 많이 가꾸었다 하여 부르던 '피밭골'에서 유래된 말이라 합니다.[2]

'피아골 단풍'은 '지리산 10경' 중 하나로 알려져 있어 시월에 절정을 이루는 단풍은 산이 붉게 타 산홍山紅, 물이 붉게 물들여 수홍水

1) 신 한국의 여로 8 지리산, 한국일보사, 1989, 75쪽 참고
2) doopedia 두산백과사전,
피아골>>http://www.doopedia.co.kr/dopedia/master/master.do?
=view&MAS_IDX=101013000866880 참고. 이 지명의 음운적 변화과정은 두 모음 사이에 낀 '비읍(ㅂ)'이 유성음화(ㅸ)하여 '와'로 바뀐 뒤, 다시 모음 'ㅗ'가 탈락하여 피아골의 '아'가 된 것임.

紅, 그 가운데 안긴 사람마저 붉게 물들어 인홍人紅이라 하여 3홍의 명소를 이룬다 합니다.[3)]

연곡사에 들어서자 봄볕에 매화가 꽃망울을 터트리려고 준비하고 있습니다. 절 양쪽의 연못에서 신기하게 개구리 소리가 들려 발길을 옮겨 보았습니다. 연못에는 겨울 한기가 아직 남아있음에도 개구리가 벌써 짝을 지어 알을 낳고 있는데, 봄은 이렇게 개구리의 새 살림에서부터 시작 되는가 봅니다. 따스한 햇볕을 받은 절 축대 밑에는 어느덧 이름 모를 들꽃이 수줍은 듯 피어 있었습니다.

---

3) 대한민국 웬만한 곳 다있다, 편집부 삼성출판사 2007, 311쪽 참고

봄은 어디에서

추운 날 무명이 깊어 겨울꼬리 길어졌나
적막공산 바람소리 여명을 부르는데
잔설이 희끗한 바위틈 봄은 언제 오시나

여린 가지 망울 타고 봄바람 대롱대롱
스치는 햇발 받으며 머무는 듯 지쳐가네
고목에 갓 앉은 산새 둥지 짓기 바쁘다

길가의 떨기나무 눈길 준 적 없으련만
다시 보니 꽃이 피어 상춘객 찾아왔소
저 꿀벌 꽃향기 취해 떠나 갈 줄 모르나

봄볕이 서린 길섶 머리 삐죽 내민 들풀
푸석대는 먼지바람 진저리쳐 몰려와도
파릇이 움돋은 새싹 봄바람 마냥 즐거워

실개천 물소리에 버들개지 눈뜨셨나
찬 물방울 오싹하여 소름 가득 돋았구려
뽀송한 솜털이 지면 봄은 활짝 피려나

산천 덮은 풀잎 향기 춘색春色을 노래하고
밭고랑 품은 햇살 봄소식 전하는데
단청빛 잃은 전각들 번뇌망상 벗었나.

강원도 영월의 사자산 남쪽 기슭에 자리한 **법흥사**法興寺를 찾았습니다. 법흥사는 신라 선덕여왕 12년(643)에 자장율사가 창건했다 합니다. 자장은 중국 청량산에 들어가 문수보살 석상 앞에서 기도정진 끝에 문수보살을 친견하게 됩니다. 자장은 이때 전수받은 부처님의 진신 사리를 당唐에서 가지고와 양산 영축산 통도사, 강원도 오대산 상원사, 설악산 봉정암, 태백산 정암사, 사자산 법흥사에 봉안했다 하는데, 법흥사는 바로 5대 적멸보궁 중 한 곳인 불보사찰입니다. 적멸보궁이란 '온갖 번뇌 망상이 없어진 보배로운 집'이란 뜻입니다. 사자산이란 지명의 유래는 산세가 불교의 상징동물인 사자 형상의 허리와 같아 모든 지혈이 한 곳에 모여 있고, 불교의 상징 꽃인 연꽃같이 생긴 산봉우리(연화봉)에 부처님의 진신사리가 모셔졌다 해서 붙여진 이름이라 합니다.4)

강원도 원주에서 주천酒泉을 경유하여 영월 법흥사에 도착했습니다. 마침 따사로운 봄볕에 온몸이 나른해지고 산천초목이 봄소식을 전하건만 웬일인지 내 마음은 봄이 느껴지지 않았습니다. 문득 '왕소군의 슬픔'을 그린 한시 '춘래불사춘春來不似春'이 생각났습니다.

胡地無花草 (호지무화초) 오랑캐 땅에 꽃과 풀이 없으리오만
春來不似春 (춘래불사춘) 봄이 왔어도 봄 같지 않구나.
自然衣帶緩 (자연의대완) 저절로 옷과 띠가 느슨해지니
非是爲腰身 (비시위요신) 이는 허리 몸매 위함이 아니었네.

왕소군王昭君은 전한前漢의 원제元帝(BC76~BC33) 때 후궁으로 천하절색이었다고 합니다. 원제는 화공畵工 모연수毛延壽에게 후궁을 고

---

4) 법흥사 홈페이지 참고

르기 위해 초상화를 그려 바치도록 명했는데, 모연수는 뇌물을 준 후궁은 잘 그려주고 뇌물을 주지 않은 왕소군은 추한 그림으로 올려 원제의 눈도장을 받을 수 없었습니다. 그때 흉노족의 왕 호한야呼韓邪 선우單于가 한나라의 공주와 결혼해 부마국이 되기를 청함으로 원제는 사랑받지 못한 후궁 중에 신붓감을 고르도록 했고 호한야는 왕소군을 고르게 됩니다. 원제는 이렇게 아름다운 여인을 자신이 몰랐다는 것에 의아하여 조사하니 화공畵工이 뇌물 때문에 조작하였음을 알고 모연수를 처형해버립니다. 昭君(밝힐 소, 그대 군)은 원제가 흉노국으로 떠나는 왕소군에게 '한漢나라를 빛내는 여인이 되라'며 하사한 이름(본 이름은 장嬙)이라 하고, 흉노 땅으로 간 왕소군은 35세에 세상을 떴다고 합니다. 훗날 당나라 시인 동방규東方虯가 오랑캐 땅에서 고향을 그리워하며 나날이 수척해졌을 왕소군의 가련한 모습을 위와 같이 '昭君怨(왕소군의 슬픔)'이란 시로 읊습니다.[5)]

찾는 봄이 달라서인가? 온 천지가 번뇌망상으로 가득 차보입니다. 아마도 단청 벗은 전각 같이 봄볕에 마음의 그늘이 짙게 드리운 때문인가 봅니다.

5) 이야기 중국사 1, 김희영, 청아출판사, 1990, 452~3쪽 참고

동백冬柏

절 마당 양지쪽에 단심 피운 동백나무
북풍에 언 한기寒氣 뱉어 불심 가득 사르시네
동안거 관불삼매에 해제 설법 펼치시나

깊은 호흡 가다듬어 삼매에서 깨어나자
산새 들새 날갯짓에 봄기운 완연한데
옹이진 가지가 풀려 불과佛果 담뿍 달렸네

불도수행 타는 고뇌 계곡물 다 말리고
결가부좌 틀은 자리 빙설도 녹이더니
생멸이 오고간 자리 서광西光 비춰 환하구나

사시절 청심 지킨 수행길 돌아보면
동빙한설 날선 바람 말없는 스승이요
지나온 눈비바람 길 다정한 벗이었네

마음이 고단하면 오뉴월에 서리피고
원망 풀려 생기 돌자 한줄기 단비여라
유심唯心이 지어낸 세계 단홍 밝게 피었는데,

다시 본 깊은 산골 허공에 잠겨있고
졸졸졸 시내소리 가슴 한쪽 저려오네
사철로 두른 이파리 청향 가득 머금었다.

전남 해남 두륜산頭輪山 기슭에 자리한 **대흥사**大興寺를 찾았습니다. 대흥사는 창건연대가 확실하지 않으나, 신라 진흥왕 5년(544) 아도 화상阿道和尙의 창건설을 따르고 있다 합니다. 원래는 대둔사大芚寺라 불렀으나 일제 강점기를 거치면서 대흥사라는 명칭을 사용하다가 최근에 들어 다시 대둔사로도 부르고 있습니다.

두륜산은 한반도 남단에 있는 여덟 개의 높고 낮은 연봉으로 이루어진 산이며 가장 높은 봉우리는 가련봉(703m)으로 동백, 삼나무, 편백나무 등으로 우거진 숲과 맑은 계류가 능선과 어울려 절경을 이루는 곳입니다.

이 산은 중국 곤륜산백의 줄기가 동쪽으로 뻗어 백두산을 이뤘고 그 줄기가 남으로 흐르다가 한반도 땅 끝에서 쌍봉을 이루었다 하여, 한국의 영산인 백두산白頭山과 중국 서왕모西王母가 살았다는 전설의 곤륜산崑崙山에서 한 자씩 따, 두륜산頭崙山, 頭輪山으로 부른다 합니다. 또 이 산은 예로부터 큰 언덕(산)이란 뜻의 '대듬', '한듬'이 대둔으로 변하여 대둔산이 된 것으로 보고 있습니다. 이런 연유로 대둔사를 '한듬절'로도 부른다고 합니다.6)

대흥사는 서산대사가 주석하셨던 곳으로, 서산대사는 묘향산 보현사普賢寺에서 입적하면서 "대흥사만이 병란을 비롯한 삼재三災가 미치지 않을 땅이며, 만 년이 지나도록 파괴되지 않을 곳이다. 나의 가사와 유물을 대흥사에 보관토록 하라"고 유언했다 하는데, 그래서인지 임진왜란, 6 · 25전쟁 등 전란을 겪었으면서도 피해를 입지 않았다 합니다.7)

산기슭에 위치한 일주문을 들어서자 숲길 여기저기에 동백이 발갛

6) 해남문화관광 두륜산 설명문 참고
7) 신한국의 여로 9 다도해, 한국일보사, 1989, 244쪽 참고

게 피었고, 시내가 한겨울의 고난에서 해방된 듯 졸졸졸 소리 내고 있습니다. 해탈문을 지나니 계류를 중심으로 왼쪽에 대웅전 등 전각과, 오른쪽에 스님의 수행 요사寮舍가 한눈에 들어옵니다. 동백은 대웅전 뒤쪽 산기슭과 요사 앞마당에서도 온몸에 불심을 지피고 있었습니다.

사철 푸른 옷으로 청심을 지키며 한겨울을 이기고 붉은 꽃을 피운 동백은 절 찾는 사람들의 마음을 숙연하게 했습니다.

봄의 향연

길가의 벚나무 꽃 곱기도 하거니와
낙화로 봄 날리니 어절시구 꽃비로다
부처님 오시는 길에 축제맞이 하시나

연분홍 꽃잎마다 향기 가득 입에 물고
잔바람에 보라 일어 심산深山 멀리 퍼질시고
무지개 봄빛 실어서 금산 향해 오르네

목련화 연화대에 함박웃음 가득 싣고
황금가사 개나리꽃 산기슭 수놓았네
진달래 불심 지펴서 산등성이 달린다

꽃잎이 떠난 자리 빈 줄로 알았더만
허공에 잎을 띄워 반야에 눈을 떴나
실바람 살랑 불어와 옅은 산색 고와라

양지쪽 바위틈에 보랏빛 얼레지꽃
나무 검불 딛고 서서 고개 숙여 합장하네
한겨울 그 모진 한파 낙엽 덮어 보냈구나

푸른 하늘 파란 산야 농익은 봄볕 속에
천지만물 숨결소리 아늑하게 들려오네
산길에 이는 풋향기 천리 길도 가볍다.

남해 금산錦山(681m)의 **보리암**을 찾았습니다.
보리암은 신라 신문왕 3년(683)에 원효대사가 초당을 짓고 수도하던 중에 관세음보살을 친견하고 부처님의 빛이 두루 비치는 산이라 하여 보광산이라 이름 짓고, 그 초당 이름을 보광사로 부르다가 조선조 현종(1660)이 왕실의 원당으로 삼으면서 보리암으로 바꿨다 합니다.

전설에 의하면 이성계가 이 산에서 백일기도를 드린 후 산신의 영험을 받아 조선왕조를 건국하게 되었다 하는데 왕이 된 뒤 태조는 이 산에 대한 보은의 뜻으로 온 산을 비단으로 감싸도록 명령했다 합니다. 이에 한 신하가 "큰 산을 비단으로 감싸는 것은 나라의 경제가 허락지 않고, 비단은 곧 썩게 되니 빛나는 이름을 하사하는 것이 좋을 듯싶습니다." 하고 간언하여, 산 이름 보광산을 '비단 금錦'의 금산錦山으로 바꿨다 합니다.[8)]

강원도 낙산사의 홍련암, 강화 석모도의 보문사와 함께 관음보살 3대 성지로 알려진 보리암은 인도 아유타국(코살라국 수도)의 공주이자 가야국 김수로왕의 왕비 허황옥(33~189)의 오라비 장유화상이 창건했다는 설화도 전합니다. 허황옥은 장유화상을 비롯한 20여 명의 신하와 함께 인도에서 파사석을 가지고 가야에 들어가, 16세에 김수로와 결혼하고 거등왕을 비롯한 10명의 아들을 낳아 2명에게 허씨(김해 허씨) 성을 물려줍니다. 이때 장유는 7왕자를 데리고 출가하여 가야산, 지리산, 김해 등 영남일대를 주유하며 사찰을 건립하는 등 숫한 전설을 남기게 됩니다. 금산을 찾은 장유가 산에 올라보니, 눈 아래 바다가 펼쳐지고 기암괴석 등 산세가 아름다운지라, 마침내 보리암에 터를 잡은 뒤 아유타국에서 가지고 온 관세음보살상을 모셨는데, 지금 보광전의 관세음보살상은 그때의 것이라 합니다. 보광전 아

---

8) 보리암 안내판 <남해금산> 참고

래쪽 3층 석탑은 훗날 원효대사가 허황후가 가지고 온 석재인 파사석으로 세운 것으로, 이 탑에 나침반을 놓으면 '자기교란'이 일어나 나침반을 놓는 곳에 따라 동서남북을 제멋대로 가리켜 원래 방향을 알 수 없다고 합니다.9)

산기슭에서부터 벚꽃, 개나리, 목련, 진달래 등 온갖 봄꽃들이 새로 돋아난 연두색의 초목과 어울려 산을 오르고 있습니다. 부처님 오신 날 사월 초파일을 앞둔 탓일까? 활짝 핀 꽃들은 곧 다가올 부처님 탄신일을 반기기라도 하는 듯 길에 꽃잎을 뿌리고, 꽃이 진 자리는 어느덧 연두색의 나뭇잎이 둥근 모양으로 돋아 부처님 사랑을 알리고 있습니다.

산등성이의 양지쪽 바위틈에는 보라색 얼레지 꽃이 한겨울을 보내도록 몸을 덮어 감싸준 나무검불에게 감사하는지 바짝 마른 낙엽을 굽어보고, 온갖 이름 모를 산꽃들이 봄볕과 함께 봄의 향연을 마음껏 펼치고 있었습니다.

봄기운에 물씬 젖은 상사암, 좌선대, 사자암, 제석봉 등 전설이 담긴 산 정상의 기암괴석 너머로 확 트인 다도해가 점점이 한눈에 들어오며, 마침내 금산의 절경에 마침표를 찍었습니다.

---

9) 남해의 소금강 금산, 관음기도 도량 보리암 안내문(종무소 배포) 참고

산

언제 내가 뭐라 합디까
추우나 더우나
남들은 나보고 무심하다 하더이다

저기 산색山色 보시구려
꽃이 피고 파란 잎 돋아 가슴 뛰지 않습디까
그것이 그대에게 전한 나의 마음인 걸
그대는 알지 못하더이다

산수山水 한 번 보시구려
생기 철철 맑은 물 흐르지 않습디까
그것이 그대 향해 넘치는 내 사랑인 걸
그대는 알지 못하더이다

가만히 귀 기울여 보시구려
산 덮은 물소리 바람소리가
사철로 전하는 내 언어임을
그대 알 수 있으리다

눈이 있어야 보고
귀 있어 듣는다고 생각지 마시구려
그 생각 멈추면 나와 하나 되고
그때, 나 그대 위해 잠잠히 있음 알 수 있으리다

날 찾는 그대, 말없다 서운해 마오
골짜기 타는 노래 메아리로 들려오면
그대 향해 열린 내 맘 느껴보시구려!

전남 강진의 월출산(809m) 남쪽 기슭에 자리한 **무위사**無爲寺를 찾았습니다.

무위사는 신라 진평왕 39년(617) 원효대사가 창건하여 관음사觀音寺라 불리다가 그 뒤 무위사로 바꿨다 합니다.

전남 영암과 강진 사이에 우뚝 솟아 남도를 굽어보는 월출산은 삼국시대에는 달이 난다하여 월나산月奈山, 고려시대에는 월생산月生山이라 했으며, 조선시대에 들어와 월출산月出山으로 불렀다고 합니다.[10) 조선 세종 12년(1430)에 지은 극락보전(국보 제 13호)은 사람 인人자 형의 맞배지붕을 지닌 대표적 목조건물로 오랜 세월 속에서도 남아있어 귀중한 문화재로 보전되고 있습니다. 극락보전 벽화와 관련하여 다음과 같은 전설이 전합니다.

『법당이 완공된 후 주지스님이 백일기도를 드리는데 하루는 의복이 남루한 노승이 절문으로 들어섰다. 주지스님은 노승의 행색이 비록 누추하나 얼굴에는 청아한 빛이 감돌고 행동 또한 범상치 않아 그가 높은 수도의 경지에 오른 고승임을 한 눈에 알 수 있었다. 주지스님이 노승을 모시고 법당에 들어서자 노승은 법당의 벽화를 그리겠노라 자청했다. 주지스님의 승낙에 노승은 법당의 모든 문을 걸어 잠그면서 "앞으로 49일 동안은 아무도 법당 안을 들여다보지 말라"고 일렀다. 법당 안에서 노승은 49일 동안 단 한 차례도 밖으로 나오는 일이 없었다. 주지스님은 궁금증을 참을 수 없어 법당의

10) 월출산 국립공원 홍보영상 참고

문에 구멍을 뚫고 안을 들여다보고는 깜짝 놀랐다. 노승의 모습은 오간 데 없고 법당 안에는 파랑새 한 마리가 입에 붓을 물고 그림을 그리는 게 아닌가! 파랑새는 그림을 모두 마치고 마침 관음보살의 눈에 눈동자를 그리려던 찰나였다. 그 순간 인기척을 느낀 파랑새는 붓을 떨어뜨리고 어디론가 날아가버렸다. 이러한 전설로 후불탱화의 관음보살상에는 눈동자가 그려져 있지 않다고 한다.』 11)

더 이상 손볼 곳도 꾸밀 곳도 없는 고요속의 무위사 뒤로 월출산이 포근히 감싸고 있습니다. 극락보전과 아담하게 자리한 전각, 요사寮舍 주위로 여기저기 동백과 홍매화가 타는 불심을 피워 극락세계를 활짝 펼치고 있습니다.

11) 신한국의 여로 9 다도해 한국일보사, 1989, 219쪽 참고

알 수 없어요

알 수 없어요,
석간수 한 줄기 계곡을 깨우고
산새조차 제 소리에 호들갑떨며
숨어버리는 깊은 산중,
바람과 구름
별들에게 외로움 전하며
어찌하여 남모를 번뇌에 쌓였는지

알 수 없어요,
산중거처 다 버리고
암자 찾아 죽은
백양 한 마리 전설 곱새기다가
문득 내려다본 산길,
고개 드는 그리움에
감로수 한 모금 마시며
어찌하여 멍하니 산봉우리는 쳐다보는지

알 수 없어요,
땀방울이 눈물로, 핏방울로
까맣게 타들어간 오죽烏竹 두른 절집,
대낮에 촛불 켜고 한밤 달에 길 물으며
어찌 뒤뜰에 피는 매화꽃 기다리는지

누구 한숨 서렸기에 날은 꾸물거리다 부슬비 내리는지
눈물인지 꽃비인지
어찌하여 나는 또 여기 있는지

전남 장성 백암산 기슭에 자리한 **백양사**를 찾았습니다.

백양사는 백제 무왕 33년(632)에 여환선사가 창건하여 백암사白巖寺라 했으나, 그 뒤 중건 후 정토사淨土寺로 부르다가 백양사로 개칭했다 합니다. 이에는 다음과 같은 전설이 있습니다.

『조선 선조 7년(1574) 환양선사가 정토사 영천암에서 이레 동안 법회를 열고 금강경을 설하자, 사람들이 구름처럼 모여들었다. 그 중에 하얀 양이 와서 설법을 듣고 법회가 끝난 날 밤 스님의 꿈에 나타나, "저는 천상에서 죄를 짓고 양으로 변했습니다. 이제 스님의 설법을 듣고 다시 극락으로 가게 되었습니다." 하고는 꾸벅 절을 했다. 다음날 영천굴 아래로 가보니 과연 흰 양이 죽어있는지라 스님들이 정성껏 화장해주었다. 그 이후 절 이름을 백양사白羊寺라 했다.』 12)

내장산국립공원을 구성하고 있는 백양사의 아름다움은 주차장에 늘어선 단풍나무에서부터 시작되었습니다. 길가로 맑은 시내가 흐르고, 이름 모를 잡초와 산꽃, 버들강아지가 봄노래를 부릅니다. 잔잔한 연못이 쌍계루와 백암산 주변의 수목을 눈부시게 가득 담고 있습니다. 우화루 옆에는 360년 수령의 홍매화가 향기를 토하고 대웅전 뒤로 백암산의 백학봉(722m)이 병풍처럼 솟아 절경을 이룹니다. 스님의 거처인 요사 앞에는 오죽烏竹이 늘어서 스님들의 타는 고행을 대신 전

12) 고불총림 백양사 팸플릿 참고

하는 듯했습니다.

백양사의 전설을 접하며 '헤밍웨이'의 <킬리만자로의 눈>이 생각났습니다. 아프리카대륙에서 제일 높은 산 킬리만자로(5,895m) 정상 부근에 죽어있는 한 마리 표범의 사체......

그처럼 높은 곳에 무엇을 찾아 표범이 올라갔는지 알 수 없듯 암자 아래서 죽은 백양 한 마리도 무엇을 찾아 산에서 내려와 죽어야 했는지 모를 일입니다. 상징과 교훈을 섞어 물음표를 던지는 이 백양의 전설은 바로 우리네 삶 이야기처럼 들렸습니다.

백양사에서 돌아가는 길에 종일토록 찌푸리던 하늘이 비를 뿌렸습니다. 오는 길에 보지 못했던 조선시대 학자 하서 김인후(1510~1560) 선생의 '자연가自然歌' 팻말이 눈에 들어왔습니다.

『청산도 절로 절로 녹수도 절로 절로
산 절로 수 절로 산수 간에 나도 절로
이중에 절로 자란 몸이 늙기도 절로 하여라』

조계천曹溪川을 건너며

조계의 물 닮고 싶어 산 이름 바꾸었나
사시절 흐르는 물 나위 없이 맑디맑아
물가에 앉은 나그네 물소리로 마음 씻네

계곡은 한결같이 냇돌로 가득하고
길가에 늘어선 솔 푸른빛 여전한데
골 메운 우렁찬 함성 누가 내는 소리인가

물일까, 냇돌일까, 나그네 마음일까
들리다 안 들리다 생각 따라 오락가락
보고도 듣지 못하니 물 기운만 서늘하다

홍예교 건너본다, 물그림자 슬몃 밟고
달 보내는 구름처럼 수심 훌쩍 넘어서니
신선이 부럽겠는가, 펄럭이는 옷자락을

거울처럼 깨끗한 물 베개 삼고 길게 누워
너도 없고 나도 없는 물소리 바라보네
머문 듯 흐르는 물속 물고기와 벗하며,

조계천 넘었다하나 반기는 이 누구던가
다시 건넌 무지개다리 돌아보면 나뿐인데
밝은 해 누리 비추고 산등성이 걸리네.

전남 **순천** 조계산 서쪽기슭에 위치한 **송광사**를 찾았습니다.

송광사는 승보사찰로 불보사찰인 경남 양산 통도사, 법보사찰인 경남 합천 해인사와 더불어 우리나라 불교를 대표하는 삼보사찰입니다. 이 절은 고려시대 때 보조국사 지눌스님이 당시 타락한 불교의 쇄신을 위해 벌인 정화운동, 곧 '정혜결사定慧結社'의 근본 도량이며 16명의 국사가 속출되어 한국불교의 정통을 세우고 계승하여 승맥僧脈을 이어왔다 합니다.

신라 말 혜린선사에 의해 길상사吉祥寺로 창건된 송광사는 고려 명종 27년 보조국사 지눌스님이 가람을 크게 중창하여 조계산 수선사로 부르다가 희종 4년에 지금의 송광사로 개칭하게 되며, 그 이후 전란으로 소실된 것을 여러 번의 중창을 거쳐 오늘에 이르렀다 합니다.

송광사松廣寺라는 사찰 이름과 관련해서 여러 설이 있습니다.

첫째로, 이 절에서 18명의 큰스님들이 나와 부처님의 가르침을 널리 펼치게 될 것이라는 묵시적 의미입니다. 곧 '松(소나무 송)'을 파자하면 '十八(木)+公(귀인 공)'이 되니 이는 18명의 큰스님을 뜻하며, '廣(넓을 광)'은 불법을 널리 펴는 것을 상징한다는 것입니다.

둘째는, 보조 국사 지눌스님과 연관된 내용으로, 스님께서 정혜결사를 위한 장소를 물색할 때, 모후산에서 나무로 깎은 솔개를 날렸더니 지금의 국사전 뒤쪽에 떨어지더라는 것입니다. 그래서 그 곳을 치락대(솔개가 내려앉은 대)라 불렀다는 전설을 토대로 육당 최남선은 송광의 뜻을 솔갱이(솔개의 사투리)라 하여 송광사를 솔갱이 절이라 풀었다는 것입니다.

셋째는, 이곳을 전부터 산에 소나무가 많아 '솔메'라 불렀으므로 그 명칭에서 유래해 산과 절 이름을 바꿨다고 하는 것입니다.[13] 뜻풀이야 여러 가지로 할 수 있겠지만, 소나무는 사철 푸르고 변하지 않으

13) 송광사 홈페이지 참고

니 스님들의 불법을 향한 굳은 의지와 기상과 진리세계가 널리 펼쳐지기를 기원하는 뜻에서, '송광'을 더 깊이 음미해볼 수 있을 것입니다.

순천역에서 송광사로 향했습니다.

순천順天! 순천은 마치 내게 시절을 알아, 봄에 싹을 틔우는 가로수와 무명 들풀과 같이, 또 흐르는 물과 같이, '하늘의 명을 알고 그 뜻에 따르라'는 가르침으로 들렸습니다. 지역 이름 '순천'에는 다음과 같은 역사적 의미가 담겨 있습니다.

『후백제를 세운 견훤은 넷째 아들 금강金剛에게 왕위를 물려주려했다가 935년, 첫째아들神劍이 반역하여 금산사金山寺에 유폐되었다. 아우 금강을 죽인 신검은 스스로 왕이 되고 이후 견훤은 금산사에 석 달 동안 갇혀 있다가 금성錦城(지금의 나주)으로 탈출해 고려에 망명하였다. 이때 견훤의 사위이며 호족 순천 박씨의 조상인 박영규장군은 아내와 상의했다. "왕께서 고려에 투항하셨고 자고로 충신은 두 주인을 섬기지 않는다 했습니다. 어찌 반역한 아들을 섬길 수 있겠습니까? 고려의 왕건은 민심을 얻어 삼한의 주인이 될 인물이니 견훤 왕의 뜻을 따름이 좋겠습니다." 의견을 모은 박영규는 왕건에게 귀부하기로 하고, 이듬해 2월 고려에 사람을 보내어 왕건이 군사를 일으키면 내응하여 고려군을 맞이하겠다는 뜻을 전했다. 그해 9월 왕건이 후백제를 치자 내응한 박영규의 도움으로 왕건은 후삼국을 통일(936년)하게 되었다. 이 일은 '하늘의 순리를 따른 것'이라며 그때 일을 잊지 않기 위해 고려 충선왕 2년(1310), 지방관제를 바꾸며 지명을 승주에서 순천으로 고쳤다.』 14)

문길 삼거리에서 주암호를 끼고 송광사로 가는 동안 30 리 남짓한

14) 역사와 문화지 cafe.naver.com.jayeul, 순천 지명유래, 네이버 용어사전 박영규 참고

길에 벚꽃이 화사하게 피어 장관을 이뤘습니다. 버스에서 시달리며 서서 가는 외지인이 딱해 보이는지 자리를 내주며 "교대로 앉아 가자"는 한 촌로의 말이, 만개한 벚꽃같이 따스하게 느껴졌습니다.

매표소에서 송광사로 향하는 길옆으로 계곡이 맑은 물을 토하고 있습니다. 멀지 않은 곳에 '맑고 시원한 물에 마음을 씻으라'는 청량각淸凉閣이 눈에 들어옵니다. 청량각을 지나자 길가에는 소나무, 편백나무 등 사철 푸른 나무와 잡목들이 늘어선 채 한결같은 수도심修道心을 펼쳐 보이고, 듬성듬성 노란빛의 생강나무 꽃과 발간 진달래가 불심을 환하게 밝힙니다. 곧이어 물길을 막아 만든 연못위로 얼기설기 소망을 걸고 드리운 연등이 아름답게 수를 놓으며 물그림자를 새기고 있습니다.

일주문인 조계문을 지나자 개울을 건너는 홍예교인 우화각이 있고, 건너편에는 '흐르는 물로 베게 삼는다'는 뜻의 침계루枕溪樓와 '거울같이 맑은 물과 가까이 접해있어 스스로 비춰본다'는 자기성찰의 뜻이 담긴 당우 임경당臨鏡堂이 자리를 틀고 있었습니다. 잠시 옷자락을 날개삼아 무지개다리를 건너며 하늘을 오르는 신선이 되어봅니다. 우화각을 건너 천왕문과 종루를 지나니, 약사전 영산전 지장전 대웅전 승보전 관음전 등 아기자기하게 자리한 여러 전각과 스님들의 수행 요사가 모습을 드러냈습니다.

승보전 옆에 일곱 가마 분량의 밥을 저장했었다는 목조용기 '비사리 구시'가 뭇 시선을 끌었습니다. '비사리 구시'는 말뜻 그대로 '빗자루로 쓰이는 싸리나무로 만든 구유'라는 의미인데 설명문에 의하면 '1974년 전라도 남원 송동면 세전골에 있는 싸리나무가 태풍으로 쓰러진 것을 가공하여 만든 것'이라 했습니다. 잠시 고개를 갸웃하며 지나가는 한 스님께 여쭤보았습니다.

"이 나무가 과연 싸리나무 맞습니까?"

"그렇게 알고 있습니다."

"혹시 느티나무 아닙니까? 이렇게 큰 싸리나무가 있을 턱이 있겠습니까?"

"수종이 다른 싸리나무인지 모르지요."

미심쩍은 대답에 종무소 일을 보고 있는 보살님께 물어보았습니다.

"싸리나무라고 했으면 싸리나무로 믿어야 하지 않을까요?"

그 대답에 '싸리나무인지, 아닌지'를 분별하고 있는 스스로가 우스워졌습니다. 어쩌면 저 '비사리 구시'에 화엄세계의 오묘한 가르침이 숨겨져 있는지 모릅니다. 의상대사의 '법성게法性偈' 한 구절이 생각났습니다. 싸리나무 속에 그 큰 느티나무가 들어있음을 모르고 있었던 것입니다.

> 一微塵中含十方 (일미진중함시방) 한낱 작은 티끌 속에 온 세계 머금었고
> 一切塵中亦如是 (일체진중역여시) 낱낱 티의 티끌마다 온 우주 다 들었네

그러고 보니 송광사에는 3대 명물이 있다 합니다. 바로 '비사리 구시'와 '능견난사能見難思' 그리고 '쌍향수雙香樹'가 그것입니다.

능견난사는 접시와 비슷한 옹기로 어느 순서로 포개도 포개지는 것이 신기해, 조선조 숙종 임금이 장인匠人에게 똑같이 만들게 해보았답니다. 하지만 장인이 만들어내지 못하자 "능히 보기는 해도 그 이치는 생각하기 어렵구나." 하시며 그릇이름을 친필로 써서 하사했다 합니다. 이 능견난사는 송광사성보박물관에서 볼 수 있습니다.

쌍향수는 수령 800년 되었다는 천연기념물 제88호인 곱향나무입니다. 전설에 의하면 보조국사와 담당국사가 중국에서 수도를 마치고 귀국했을 때, 짚고 온 향나무지팡이를 나란히 꽂으니 가지와 잎이 자랐다 합니다. 손을 대면 극락에 갈 수 있다는 생김새가 특이한 이 나무는 높이가 12m 가슴높이의 둘레가 각각 4.1m, 3.3m에 달한다 하

는데, 송광사에서 3.4km 떨어진 천자암天子庵 경내에 있습니다.[15]

사철 푸른 소나무와 편백나무, 대나무를 두르고 맑은 조계가 흐르는 오랜 전통과 역사의 송광사를 돌아보며, 청정세계에 마음을 걸어두고 수행하는 스님들의 고고하고 경건한 모습을 새길 수 있었습니다.

15) 문화재청 문화유산지식 '순천 송광사 천자암 쌍향수' 참고

산수山水

산 오를 때
홀몸으로 가볍게 오시구려
부푼 꿈 아래 두고
담아 가기 바쁘련만
천만근 온몸에 달고 어찌 옵니까

간밤에 내린 비
흔적 없이 스러져
화창한 봄볕에
새 생명 토하건만
우뇌憂惱의 등짐 메고 어찌 옵니까

손 담그고 잠시
세상사 놓으시구려
손끝 타고 소름 올라
온몸에 퍼지게 되면
끄달린 그대 상심 털어지리니

바람결에 두 눈 감고
모두 맡겨보시구려
생각이 멀어지고
수향睡鄕 아득히 다가오면
온 시름 숨결 타고 떠나가리니

물소리에
귀 기울여보시렵니까
목마른 초목이 불러 심산 찾아와
머문바 자취 없이 골짜기 맴돌다
그대의 쓰라린 상처 씻어 간다는,

깊은 산 뫼봉우리
노을 지는데
아직도 남은 산길 오르렵니까
곁에 있는 내 모습 다시 보거든
서둘러 미련 두고 떠나시구려.

설악산 마등령(1,224m)에 위치한 **봉정암**鳳頂庵을 찾았습니다.

봉정암은 5대 적멸보궁寂滅寶宮 중 한 곳으로 신라 선덕여왕 13년(644)에 자장율사가 창건했다 합니다. 봉정암 창건과 관련하여 다음과 같은 전설이 있습니다.

『자장율사가 문수보살이 머물고 있다는 당나라의 청량산(또는 오대산)에서 21일 기도를 올리는 마지막 날이었다. 문수보살이 나타나시어 부처님의 뇌사리를 비롯한 진신사리와 금란가사를 전해 주며 '해동에서 불법을 크게 일으키라' 하는 것이었다.

자장은 신라에 귀국해 진신 사리를 모실 길지吉地를 찾아다녔다. 그러던 어느 날 산길을 걷는데, 오색 창연한 봉황이 나타나 산중으로 날아갔다. 자장은 이를 길조로 여겨 몇날 며칠을 시내를 건너고 산봉을 오르내리며 봉황을 쫓아다녔다. 마침내 봉황은 높은 봉우리 위를 선회하다가 한 바위 앞에서 홀연히 자취를 감췄다. 봉황이 사라진 바위를 보니 그 바위는 신기하게도 부처님 모습을 하고 있는데, 봉황이 사라진 곳은 바로 부처님의 이마에 해당하는 부분이었다. 또한 부처님 모습을 닮은 그 바위를 중심으로 좌우에 일곱개의 바위가 둘러져있었다. 가히 이곳은 봉황이 알을 품는 형상을 한 길지중의 길지였다. 자장은 부처님 형상을 한 그 바위에 부처님 뇌사리를 봉안한 뒤 5층 사리탑을 세우고 암자를 지었다. 그리고 봉황鳳凰이 부처님의 이마(頂, 이마 정)로 사라졌다 하여 봉정암이라 이름 했다.』 16)

백담사에서 오세암을 거쳐 봉정암을 올랐습니다. 내설악의 아름다운 봉우리가 여기저기 펼쳐지고 그 사이로 옥색을 띤 맑은 산수山水가 흐르고 있습니다. 아직 응달진 산등성이의 이곳저곳에는 녹다만 눈이 희끗희끗 보이고, 진달래와 생강나무, 이름을 알 수 없는 꽃들이 화사하게 봄을 맞고 있습니다. 산을 오르다 시내에 손을 담가보았습니다. 시원한 물 기운에 소름이 돋으며 순식간에 등줄기를 적시던 땀을 씻어버립니다. 바위에 앉아 두 눈을 감고 봄기운에 몸을 맡겨보았습니다. 온화한 바람이 온몸을 휘감고 물소리가 은은히 들립니다. 어느 결엔가 나른해지고 꿈나라가 펼쳐지는 듯 정신이 아득해졌습니다. 몸을 감싸던 모든 시름이 물살에 씻기고 있었습니다.

16) 봉정암 홈페이지 참고

구름

한밤에 적막 감싼 산안개 내리더니
아침 햇살 등 떠밀어 산 올라 구름 됐나
산상에 앉은 쪽구름 실바람에 외롭다

바람이 미는 대로 구름 창천蒼天 떠돌아도
가고픈 곳 갈 수 없어 공중서 한숨짓나
허공에 어리는 번뇌 마음 한켠 슬프다

청산의 저 소나무 하늘에 소망 걸고
뿌리 내린 터전에서 꿈꾸며 자라는데
상주처常住處 없는 구름아, 마음 둘 곳 어딘가

늘 푸른 솔밭 보자 울적한 심사 일어
먹장구름 살짝 비춰 눈물 찔끔 흘리시네
떠돌이 지친 저 구름 염계染界 애착 보인다

등 뒤에 이는 노을 몸 감싸 위로하나
온종일 내달려도 가는 길 한이 없어
속계에 머문 그 마음 성불서원 버렸는가

머무르는 바 없이 마음 내라 하지마는
마음에 이는 집착 그리움 쌓이는데
머물러, 머물 곳 없어 빈 하늘에 머문다.

경북 의성 등운산騰雲山 기슭에 자리한 **고운사**孤雲寺를 찾았습니다.

고운사는 신라 신문왕神文王 원년(681)에 의상대사가 창건하여 고운사高雲寺라 하였으나 신라 말 대학자인 고운 최치원(857~?)이 머물면서 여지如智, 여사如事 두 대사와 함께 가운루駕雲樓와 우화루羽化樓를 건립함에 따라, 그의 호를 따서 고운사孤雲寺로 고쳤다 합니다.

경주 최씨의 시조이기도 한 고운 최치원은 신라 경문왕 8년(868), 12세에 당나라로 유학을 떠나 18세(874)에 급제하여 당나라에서 벼슬을 하게 됩니다. 이후 당의 헌강왕 5년(879) '황소의 난'이 일어나자 종사관從事官으로 난의 주동자인 황소를 꾸짖는 '토황소격문'을 써 보냈는데 황소는 그의 글을 읽다가 놀라 침상에서 떨어졌다고 합니다.

최치원은 신라에 돌아와(885) 한림학사가 되어 기울어가는 신라를 구하고자 894년 진성여왕에게 시무책時務策 10조를 상소하지만 받아들여지지 않자, 문란한 국정을 통탄하며 외직을 자청하여 지내다가, 관직을 내놓고 난세를 비관하여 각지를 유랑하게 됩니다.17)

그의 한시 '추야우중秋夜雨中'은 그때의 고단한 심경을 말해주는 듯합니다.

秋風唯苦吟 (추풍유고음) 가을바람에 괴로이 읊나니
世路少知音 (세로소지음) 세상에 나 알아주는 이 없구나.
窓外三更雨 (창외삼경우) 창밖 삼경에 밤비 내리는데
燈前萬里心 (등전만리심) 등불 앞 내 마음 만리를 달리네.

이후 고운은 속세를 벗어나 가야산으로 들어가던 중에 홍류동 계곡을 지나다가 산에서 내려오는 스님들을 보고 다음과 같은 입산시入山

---

17) doopedia 두산백과사전, 최치원>>http://www.doopedia.co.kr/doopedia/master/master.do?_method=view&MAS_IDX=101013000861327 참고

詩를 남겼다[18] 하는데 이 시를 통해 그의 결연한 각오를 엿볼 수 있습니다. 마침내 가야산 해인사에 은거한 그는 유불선에 도통한 신선으로 추앙되며 해인사의 학사대전나무, 쌍계사 뒤쪽 지리산의 환학대喚鶴臺 등 수 많은 전설을 남기며 퇴장을 합니다.

僧呼莫道靑山好 (승호막도청산호) 스님이여 청산 좋다 말하지 마소
山好如何復出山 (산호여하부출산) 산이 좋다며 산밖엔 어찌 나오니까.
試看他日吾從跡 (시간타일오종적) 시험 삼아 후일에 내 종적 보시구려
一入靑山更不還 (일입청산갱불환) 한 번 청산에 들면 다시 아니 나오리.

세상을 등진 고운孤雲 최치원 선생의 굳은 의지를 알려주는 듯, 고운사가 위치한 등운산은 송림이 빽빽이 자리하여 사시절 푸른 기운을 내 뿜고 있습니다. 고운사 뒤 산봉우리에 걸린 조각구름이 외로워 보였습니다.

18) 매일신문 <상생의 땅 가야산> (35) 가야산에 은둔한 최치원, 2008. 3. 10 참고

관음폭포觀音瀑布

용소龍沼에 비친 얼굴 물결에 일렁거려
본래 모습 출렁출렁 일그러져 알 수 없네
옛 기억 어렴풋하게 심연深淵 속 떠오른다

경대鏡臺 앞 머리 묶던 어머니 어깨 너머
거울 비친 생김생김 두 눈 총총 신비했지
그 생각 여전하거니 본 모습 어디 갔나

가무잡잡 피부에 수염 자라 까칠하고
주름 잡힌 용모까지 어버이 빼닮았네
비바람 훑고 지나간 귀밑머리 하얗다

세월이 안긴 흔적 참모습 어느 게요
청안靑眼 가득 옛 그림자 보아도 알 수 없어
눈물이 그렁한 망울 그 마음 담겼고야

눈동자 바라보니 마음의 창 여기런가
가마득한 추억들 아련하게 다가오네
초롱히 빛나던 눈빛 그 시절이 그립구나

지금 모습 애처로워 관음폭포 울고 있나
겹겹이 싸인 과보 자성自性 깊이 가두고서
눈물로 녹여 씻어내 업장 따라 벗기는가

사바세계 찌든 잔 때 켜켜이 쌓였으니
저 폭포 맑은 물로 내 가슴 씻어주오
마음에 거울을 비춰 참모습 찾으려네.

포항 내연산 동남쪽 기슭에 위치한 **보경사**를 찾았습니다.

보경사는 신라 진평왕 25년(602) 대덕大德 지명법사智明法師에 의하여 창건되었다 합니다. 지명법사는 중국 진나라에 유학하여 중국 도인에게서 받은 팔면보경八面寶鏡을 가지고 돌아와 왕께 아뢰길, "동해안 명산에서 명당을 찾아 팔면경을 묻고 그 위에 불당을 세우면, 왜구의 침범을 막을 수 있을 뿐 아니라 장차 삼국을 통일하게 될 것입니다."라고 했다고 합니다. 이에 왕이 기뻐하며 명산을 찾아 포항을 거쳐 해안을 타고 올라가는데 오색구름에 덮인 산이 있어 알고 보니 바로 지금의 내연산이라는 것입니다. 따라서 명당자리에 있던 큰 연못을 메우고 팔면보경을 묻어 절을 지어 그 이름을 보경사라 했다는 것입니다.[19]

내연산은 포항과 영덕의 경계에 있는 산으로 원래 종남산이라 하였으나 신라 51대 진성여왕이 견훤甄萱의 난을 피해 이 산에 온 뒤 내연산(몰래 비밀히 內, 이끌 延, 몰래 이끌려서 온 산)이라 불렀는데[20] 내연산은 골이 깊고 물이 맑으며 기암괴석과 절벽, 송림과 함께 절경을 이루며 위용을 자랑하는 연산폭포, 관음폭포, 상생폭포 등, 열두 폭포가 있어 보는 이의 탄성을 자아내게 하는 곳입니다.

19) 포항문화관광 관광명소 내연산 보경사 참고
20) doopedia 두산백과사전,
내연산>>http://www.doopedia.co.kr/doopedia/master.do?_method=view&MAS_IDX=101013000737799 참고

일주문격인 불이문을 지나자, 즐비하게 늘어선 고목이 보경사의 오랜 역사를 알려주는 듯합니다. 절마당에 하얗게 깔린 작은 자갈을 밟으며 편안한 감촉을 느끼며 발길을 옮겨 수호문인 천왕문에 들어섰습니다. 불자의 마음을 경건히 하고 불심을 돌아보게 하는 사천왕을 배례하고 나니, 5층 석탑 뒤로 적광전에 계신 비로자나 부처님이 문수보살과 보현보살의 협시를 받으며 진리의 빛을 가득히 내리고 있습니다. 적광전 뒤로 석가모니 부처님을 모신 대웅전과 석가세존의 일생을 팔폭화면에 그려 모신 팔상전, 영취산에서의 설법을 묘사한 영산전, 지장보살을 모신 명부전 등 전각이 웅장하게 펼쳐져있고 경내는 부처님 오신 날을 앞둬서인가? 절 마당에 곱게 매단 오색 연등이 전각과 어울려 아름다운 조화를 이루고 있었습니다.

맑은 물과 계곡, 폭포가 아름다운 내연산에 올랐습니다. 계곡을 따라 그리 험하지 않은 길목에 상생폭포, 관음폭포, 연산폭포가 우렁찬 소리를 내며 떨어집니다. 그늘진 폭포아래 용소에는 산 그림자가 잔잔한 물결 따라 흔들리고, 그 가운데 내 모습도 보였습니다.

까마득히 잊고 있던 옛 기억이 떠올랐습니다. 초롱초롱한 눈망울을 가지고 있던 기억 속의 어린 나와 머리가 희끗희끗 변한 지금의 나! 그 중에 나의 참모습은 어느 것인가요? 폭포는 업장에 갇힌 나의 자성自性이 애처로운 듯 눈물을 쏟으며 크게 소리 내어 울고 있었습니다.

산길

가보시구려
거스르지 말고
빙그르 돌아간다 하더라도,

그렇지 않소
업장 따라 고불고불
다 다른 것을,

어디 한두 해 다듬어진 길입디까
세 살 버릇 여든 간다는데
좋은 길 놔두고 막고, 트고, 높이고, 낮추고

그런다고 달라집디까
새로운 업業만 짓는 것을,

받아들이구려
탓하지 말고,
힘들어도 한 발 한 발 옮기다 보면
철 따라 구경거리 많지 않겠소

해 저물어 집에 오거들랑
아이들에게

지나온 길 돌아보며
한 마디 해 준들 어떻소

아빠처럼 가보라고, 이런 길을!

경북 청송의 주왕산(822m) 기슭에 있는 **대전사**大典寺를 찾았습니다.

대전사는 신라 문무왕 12년(672)에 의상대사가 창건했고 고려 태조 2년(919) 눌옹스님이 이곳에서 주왕周王의 아들 대전도군大典道君의 명복을 빌면서부터 대전사로 불렸다 합니다.[21)]

기암괴석과 폭포 등 빼어난 경관을 자랑하는 주왕산周王山은 석병산石屛山, 주방산周房山이라고도 불리는데, 주왕과는 다음과 같이 얽힌 전설이 있습니다.

『중국 진晉나라의 후손인 주도周鍍는 어려서부터 천문지리와 육도삼략을 통달해 왕후장상을 꿈꿨는데 성인이 되자 장사 100명을 데리고 웅이산熊耳山에 들어가 1만명의 군중을 모아 남양南陽땅에 웅거하였다. 당나라 덕종 15년(799, 신라 소성왕 1년)에 주도는 스스로 후주천왕이라 칭하고 장안을 공격하였다. 그러나 주왕은 곽자의郭子儀가 이끄는 당나라 군사에 패하여 요동을 지나, 군사 1,000여명과 함께 험준한 신라 땅까지 도망오고 말았다. 석병산에 숨어든 주왕과 군사들은 식량이 없어 인근 주민 곡식을 약탈하니 석병산에 수많은 산적들이 출몰한다는 소문이 온 나라에 퍼지게 되었다. 한편, 당나라로부터 주왕을 잡아달라는 부탁을 받기도 했고 석병산 일대의 산적들이 주왕의 무리라는 것을 알게 된 신라 조정에서는 마일성馬一聲장군 5형제에게 토벌토록 했다. 상장군이 된 마장군은 군사를 이끌고 석병산 앞에 진을 쳤으나,

21) 주왕산 국립공원 공원정보 문화자원 대전사 참고

주왕의 군사들이 기암봉旗岩峰에 이엉을 씌워 노적가리로 위장해 군사와 군량미가 많은 것처럼 보였기 때문에 선뜻 주왕을 치지 못했다. 그러나 마장군 형제가 장군봉에 올라 위장해 놓은 노적가리를 향해 활을 쏘니, 기암이 뚝 떨어져나가 노적가리가 거짓이라는 것이 간파되었고 마침내 포위, 공격당하자 주왕의 군사들은 당해내지 못하고 무너져버렸다. 주왕은 모든 것을 체념하고 주왕굴에 숨었다. 주왕굴은 높은 낭떠러지에서 흐르는 폭포수가 굴 입구를 막고 있어 숨어 지내기 좋은 곳 이었으나 어느 날 주왕이 세수를 하려고 굴 입구로 나왔다가 그만 마장군의 군사에게 들키고 말았다. 이로써 주왕은 후주천왕의 뜻을 이루지 못하고 마장군 형제의 화살을 맞고 죽었다.』[22]

그 때문일까? 주왕산에는 주왕의 아들 이름을 딴 대전사, 딸의 이름을 딴 백련암을 비롯하여 주왕의 군사가 군기를 꽂았다는 기암旗岩, 주왕의 아들딸이 달구경을 했다는 망월대, 주왕의 군사가 쌓았다는 자하성(주방산성), 주왕이 숨었다는 주왕굴 등 수많은 명칭이 전설을 뒷받침하고 있었습니다.

대전사 뒤로 주왕과 신라의 마장군이 격전을 치렀다는 기암旗岩이 병풍처럼 아름답게 펼쳐져있습니다. 기괴한 암벽이 웅장하게 늘어서고 폭포와 계곡이 장관을 이루는 주왕산은 산을 오르는 모든 이의 탄성을 받으며 주왕의 전설을 애틋하게 전하고 있었습니다.

길은 꼬불꼬불 이어지고 오르내리는 길이 만만치 않았지만, 탐방로는 주왕산의 비경을 한 겹, 한 겹 벗겨주었습니다. 눈에 아른거리는 아름다운 선경들....

글로 표현할 수 없어, 그저 눈에 가득 담고 왔습니다.

22) 신한국의 여로 10 안동 주왕산, 한국일보사, 1989, 298-299쪽 참고

민들레

농부 일손을 기다리는 들녘
민들레 꽃대 위에 소복이
깃털 달고 비상을 꿈꾸는 씨앗들
이제나 저제나 떠날 날 기다리고 있다

뜸 들이는 고요 속
한 점 바람에
대롱거리는 비눗방울인 양 파르르 떨더니
하이얀 눈꽃 되어 두둥실 하늘로 떠오른다

어디로 갈거나
산과 들, 아스팔트 길, 개울도 보이지만
홀씨는 알 수 없다
어제처럼 날리다 머무는 곳, 고향일 뿐

촉촉한 단비에
떠밀려 자리 잡은 갓길 풀섶
포근하게 햇살이 감싸면
새 생명이 뿌리내리고
찢긴 잎 바닥에 눕는다

시절을 부모삼고

무명 들풀 이웃삼아 싹 내린 곳
고향이여, 고향이여,
한 해고 두 해고 가쁜 세월 가슴에 묻어라

머리맡 고난을 이기고
노란 꽃 하얀 꽃 피우노라면
지난 세월 소망이 풍선처럼 부풀어
빈 마음 하늘에 띄운다

그러기에 잎은 싹 틀 때부터
바닥에 귀 기울여
어미가 남겨준 삶의 소리를 듣는가보다
우리가 사는 여기, 허공이라고

경북 문경 희양산(998m) 남쪽 기슭에 자리한 **봉암사**鳳巖寺를 찾았습니다.

봉암사는 신라 헌강왕 5년(879) 지증대사가 창건했다고 합니다. 지증대사(824~882)는 17세에 부석사에서 출가하여 승려가 되었고, 후에 신라 구산선문九山禪門의 하나인 희양산문을 연 고승입니다.

경문왕 4년(864), 왕이 사자를 보내 대사를 경주로 불렀으나 나가지 않았고, 안락사의 주지로 있다가 봉암사를 창건하였으며, 헌강왕 7년(881)에는 왕사로 임명되었음에도 사양하고 봉암사로 돌아와 오직 수도에 전념하다가 이듬해인 882년에 입적하심에, 왕이 '지증智證'이라는 시호를 내렸다고 합니다.[23)]

지증대사가 절을 세우려 명당을 찾아 전국을 돌아다닐 때, 당시 대사의 명성을 들은 '심충沈忠'이라는 거사가 수행도량을 세우라며 희양산 일대의 땅을 희사하자 대사가 이곳을 둘러보고는 "산이 병풍처럼 사방에 둘러져있어 봉황의 날개가 구름을 흩트리는 것 같고 강물이 멀리 둘러싸고 있어 뿔 없는 용의 허리가 돌을 덮은 것 같구나. 이 땅을 얻게 된 것은 하늘의 뜻이요. 만약 이곳에 스님들의 거처가 들어서지 못한다면 도적의 소굴이 될 것이다." 하여 봉암사를 짓게 되었다고 합니다.24)

스님들의 선 수행도량으로 1년 중 부처님 오신 날만 개방한다기에 4월 초파일 봉암사를 찾았습니다. 점촌 터미널에서 문경 가은加恩을 거쳐 봉암사로 향하는데 도로는 4~5km 정도나 주차 행렬이 이어져 혼잡했고, 교통경찰 및 스님들, 자원봉사자 들이 안내하느라 진땀을 흘리고 있었습니다. 봉암사에서 마련한 셔틀버스를 타고, 멀리 거북등 같은 암석에 덮인 희양산을 바라보며 하괴에서 봉암사까지 쉽게 도착할 수 있었습니다.

주차장에서 봉암사로 가는 한쪽 길가에는 노점상들이 즐비하게 늘어서 '부처님 오신 날'을 축제분위기로 바꾸고, 길섶의 민들레가 하얀 솜털을 날리고 있었습니다. 행렬에 묻혀 일주문을 지나 '흐르는 물을 베게 삼는다.'는 뜻의 침류교枕流橋를 건넜습니다. 이어서 '남풍이 만물을 훈훈하게 감싸듯 부처님의 무량한 자비심이 감싸고 있음'을 알리는 '남훈루南薰樓'란 누각을 지났을 때, 법요식이 한창 진행되고 있었습니다. 대웅보전의 석가모니 부처님은 연등에 묻혀 불자의 참배를

23) doopedia 두산백과사전,
지증대사>>http://doopedia.co.kr/doopedia/master/master.do?_method=view&MAS_IDX=101013000772775 참고

24) 봉암사 홈페이지 참고

받는 가운데, 대웅전 좌측의 금색전金色殿에는 지권인을 한 비로자나 부처님이 극락전에는 아미타 부처님이 온몸에 금광을 밝게 비치며 수인手印을 하고 있습니다. 각종 전각과 당우, 고운 최치원이 지었다는 지증대사 탑비와 부도인 적조탑을 돌아본 후 침류교에서 500여 미터 떨어진 백운대 계곡 암벽의 마애보살좌상을 찾았습니다. 마애불은 고려 말에 조성된 것으로 맑은 물이 흐르는 계곡가에 가부좌를 틀고 사바대중을 바라보며 미소 띤 얼굴로 연꽃 한 송이를 들어 보이고 있었습니다. 마애불상 앞 암반을 돌로 두드리자 목탁소리처럼 들려 신비감을 떨칠 수 없었습니다.

돌아오는 길은 더 길게 늘어선 주차행렬로 하괴에서 가은터미널까지 걸을 수밖에 없었습니다. 오가는 수많은 불자들을 보면서, 우리나라 사람들의 신실한 신심을 읽을 수 있었습니다.

원효폭포

계곡 메운 폭포소리 땅 꺼지는 포효咆哮여라
세속에 매인 연분 벼랑에 떠다밀어
겹먹은 검질긴 염착染着 떨어지는 이 아픔을,

눈물어린 요석공주 가슴 저민 그리움에
참빗으로 치렁치렁 젖은 머리 빗어내다
임 생각 넘쳐흘러서 원효폭포 되었구나

절레절레 고개 저어 두 눈 질끈 감아 봐도
다정이 병이 되어 솟아오르는 사무침에
용소龍沼에 피어난 안개, 미련 저리 남았을까

물줄기 부서져도 애련 품에 담겨있어
튀긴 물 돌을 안고 데구루루 구르는데
갈증 푼 냇가 푸나무 봄기운 펼치시네

저린 마음 옭아매어 속리교俗離橋에 걸어두고
발보리심 가득 넘쳐 천생연분 갈랐어도
질긴 정情 켜켜이 엉겨 돌이끼로 쌓였는가

너도 없고 나도 없이 삼라만상 다 버리자
산은 산 물은 물 본래 모습 떠오르고
무애수無碍水 떠도는 구름 산마루에 걸렸네.

경기도 동두천에 있는 소요산(587m)의 **자재암**을 찾았습니다.

소요산은 산세가 수려하고 험하지 않아 편안하게 산행을 즐길 수 있는 곳으로 조선시대 매월당 김시습, 화담 서경덕, 봉래 양사언이 자주 소요逍遙하였다하여 붙여진 이름이라 합니다. 이 산에는 신라시대 원효대사(617~686)에 의해 창건되었다는 자재암이 있고 원효폭포, 원효대, 요석궁터, 공주봉 등 명칭이 남아있어 원효대사와 요석공주와 얽힌 사연을 간직한 곳이기도 했습니다.

한국불교사에 길이 남을 최고의 학자이며 사상가인 원효대사! 대사는 각가지 기행과 설화를 남긴 분으로 자재암과 얽힌 사연은 다음과 같이 엮어볼 수 있습니다.

『원효의 성은 설薛씨이며 어머니는 별이 품속으로 들어오는 꿈을 꾸고 태기를 얻었다. 밤나무 밑을 지나다가 갑자기 산기를 느낀 어머니는 남편의 옷을 밤나무에 걸어서 가리고 출산하였는데, 이때 오색구름이 땅을 덮었다. 그 밤나무는 부처님이 열반하신 사라나무의 이름을 따서 사라수紗羅樹 또는 사라율紗羅栗이라 불렀다. 원효는 자라서 화랑에 입문하였으나 깨달은 바 있어 출가를 결심하고, 진덕여왕 2년(648) 황룡사에서 승려가 되어 수도에 정진했다. 이후 가산을 불문에 희사하여 그의 집에 초개사初開寺(경북 경산)를 세우고 자기가 태어난 밤나무 옆에 사라사紗羅寺(경북 자인)를 세웠다. 일정한 스승을 모시지 않고 타고난 총명으로 불전佛典을 섭렵한 원효는 더 큰 배움을 위해 7살 아래인 의상義湘과 함께 진덕여왕 4년(650), 육로로 당나라 유학길에 오르나 고구려 국경지역에서 고구려군에게 잡혀 고초를 겪은 후 신라로 돌아왔다.

일정한 거처를 정하지 않고 수행에 전념하던 원효는 평소에 하지 않던 기행으로 "누가 내게 자루 없는 도끼를 빌려주겠는가誰許沒柯斧? 내 하늘을 받칠 기둥을 깎으리라我斫支天柱"는 노래를 부르고 다녔다. 이 노래는 삽시간에 서라벌에 퍼졌고 태종 무열왕(재위 654~660)의 귀에도 들어가게 되었다. 때 마침 왕은 백제전투에서 남편을 잃어 과부가 된 딸 요석공주를 근심하고 있던 참이었다. "이 스님이 귀한 아들을 얻으려 하는구나. 나라에 현자가 태어난다면 그보다 더 기쁜 일이 어디 있겠는가?" 하고 생각한 왕은 원효를 요석궁에 데려와 쉬도록 하였다. 그 후 요석공주는 설총을 낳았다. 파계한 원효는 승복을 벗고 소성거사小性居士, 복성거사卜性居士라 자칭하며 속인행세를 하다가[25] 661년 의상의 권유로 함께 해로를 통해 당나라 유학길을 떠났다.

당항성 가까이 이른 원효와 의상은 날이 저물어 산속의 한 오래된 무덤에서 잠을 자게 되었고 원효는 목이 말라 물을 마시게 되는데 아침에 보니 잠결에 마신 물은 해골의 고인 물이었다. 원효는 "더럽고 깨끗한 것이 둘이 아니니染淨不二, 결국 진리의 길이나 세속의 길은 같은 것이 아닌가眞俗一如? 그렇다면 모든 것은 마음이 지어내는 것이다一切唯心造"라는 깨달음을 얻었다. 원효는 그토록 찾고자했던 도를 마침내 구했기에 이제 당나라에 갈 필요가 없어졌다.

의상과 헤어져 돌아오는 길에 소요산의 아름다운 산세에 매혹된 원효는 깨달음을 깊이 사유하기 위한 보림保任의 적지로 판단, 초막을 세우고 수행에 정진했다.

한편, 원효가 소요산에서 수행하고 있음을 들은 요석공주는 어린 설총을 데리고 와서 조그만 별궁을 짓고 살며, 지금의 공주봉에 올라 아침저녁으로 원효가 수도하고 있는 곳을 향해 배례를 하며 성불을 기원했다.

원효가 수행하던 어느 날 밤비가 촉촉이 내리는데 한 여인이 착 달라붙은 젖은 옷을 입고 하룻밤 재워주길 청하기에 초막에 들였더니, 육감적인 몸매로 유혹했다. 원효는 "마음이 일어나니 온갖 종류의 법이 생겨나고 마음이 사라지니 온갖 종류의 법이 없어지나니心生則 種種法生, 心滅則 種種法滅, 이제 나 원효는 마음에 걸림 없어 자재무애自在無碍하노라" 하고 법문을 하자 그 여인은 미소를 지으며 유유히 사라졌다. 이 여인은 관세음보살의 화현이었던 것이다. 원효는 관세음보살을 친견하고 자재무애의 수행을 쌓았다는 뜻에서 그 자리에 정사精舍를 지어 자재암自在庵이라 했다.

이후 원효는 '일체의 무애인은 한 길로 죽고 사는 것을 벗어난다一切無碍人,

---

25) 이야기 한국사 1, 김한룡, 태서출판사, 1991 참고

一道出生死'는 화엄경의 말씀에 따라 속박이나 장애를 받지 않는 자유인이 되어 큰 표주박인 무애호無碍瓠를 두드리며 가난하고 소외받는 사람들과 어울려 생활했다. 그리고 나무아미타불을 암송 하게 해 교화했다.26)

소요산을 들어서니 크고 작은 바위와 수목 사이를 흐르는 계곡수가 원효대사의 깨달음을 노래하고 있습니다.

"목마른 자 내게 오시오. 하늘을 나는 새든 땅속을 헤매는 두더지든 초목이든 상관없소. 나는 무애수無碍水, 높고 낮음 가리지 않소. 파인 곳은 채우고 막힌 길은 돌아가고, 걸림없이 달리고 있소. 모든 세류細流가 모여 강물이 되고 강물이 모여서 바다로 가고 있소."

계곡물은 폭포에서 떨어져 부서지고 깨져서일까? 골골 소리를 내면서도 유유자적 흐르고 있었습니다.

아들 설총과 요석공주를 두고 속리교俗離橋를 건너야하는 원효는 굉음을 내며 떨어져 산산조각이 나는 폭포수와 같이 고뇌와 갈등을 겪어야 했을 것입니다. 그리고 그 고통을 모두 극복함으로써, 흐르는 물과 한 조각의 구름 같은 자재무애한 경지를 얻을 수 있었을 것입니다.

그러나, 한편으로 요석공주와 설총이 원효의 수행으로 감내했어야 할 고통과 아픔에 대해서는 원효의 그늘에 가려 누구도 관심을 갖지 않았습니다. 어떻게 보면 요석공주도 원효와 같이 훌훌 자리를 털고 일어나 자재무애한 수행의 길을 걷고 싶었는지 모를 일입니다. 하지만 아비의 빈자리까지 채워야하는 한 아이의 어미였고, 또 지아비의 앞길을 기원해야하는 지어미였기에 자신을 희생하는 밀알이 되어야 했을 것입니다.

마침내 요석공주는 설총을 대유학자로 키웠고 그녀의 기원이 헛되

---

26) 한국학 삼국유사 신강 下, 일연저 강무학역 배재서관 1990, 자재암 홈페이지 참고

지 않아 원효대사는 큰 깨달음을 얻게 됩니다. 어쩌면 요석공주는 어미로서 희생과 정성을 다했고 지아비에 대한 분노와 원망을 용서와 자비로 치유하며 공덕을 쌓았기에 성불하였는지 모릅니다.

과연 깨달음은 사랑하는 사람이 겪어야 하는 고통을 남겨두고 원효처럼 자신의 요란한 배움을 추구할 때 찾을 수 있는 것일까요? 선한 인연을 끊고 가정을 박차고 나가 수행하는 것이 과연 옳은 일이며, 또 누구를 위함이고, 그 옳고 그름의 가치는 누가 정하는 것일까요? 이런 선택과 결정을 남성들만의 독점권인 양 치부해도 될까요?

폭포에서 쏟아지는 물줄기와 굉음은 원효대사와 요석공주의 가슴 아픈 인간사를 알리는 절절한 눈물이요, 울부짖는 고통 소리였습니다. 요석공주의 그때 그 회한이 아직도 서려있어서인지, 물안개는 엷게 번지고 산마루에 걸린 구름 또한 걷힐 줄 몰랐습니다.

부모님 은혜

하늘이 쪽빛인 건 끓인 아비 마음이며
창공에 흐르는 구름 자녀가 준 수심인가
그림자 밤낮 드리우니 언제 근심 푸실까

흙빛이 갈색인 건 그을린 어미 가슴이며
바다가 퍼런 것은 자식이 남긴 멍울인가
베기도 지친 심신을 언제 편히 쉬시려나

밤 무서워 우는 아기 달래시는 어미 마음
보채고 또 보채어 눈 한 번 못 붙여도
그 사랑 차고 넘치니 해 돋는 줄 모르누나

칭얼대는 아기 안고 새록새록 잠들라고
밤하늘 별이 되어 꿈 실어 나르시네
숨결 위 자장가 소리 달빛 타고 꿈나라로

자식들 쏟는 한숨 아비 마음 잿빛 되고
낙담 속에 뱉는 푸념 어미 가슴 흙빛 되네
백발에 옥죈 마음이 수미산 이루누나

화산에 효심 가득 사부곡 울려 퍼져
사도세자 슬픈 마음 추원追遠 실어 달래보네
반 천륜 얽힌 실타래 명국冥國에선 풀릴까

산비둘기 구구 소리 바람결 구슬픈데
은중경 독경 소리 숨결 위 멎는구나
비구도 부모 생각에 목이 절로 메는가.

경기도 화성 화산에 위치한 **용주사**를 찾았습니다.

용주사는 조선시대 22대인 정조대왕이 아버지 사도세자의 명복을 빌고 극락왕생을 기원하기 위하여 세운 현륭원顯隆園의 능침사찰입니다. 지극한 효심에 사도세자의 원혼이 풀려서일까? 낙성식 전날 밤 정조는 용이 여의주를 물고 승천하는 꿈을 꾸게 되는데 그 연고로 사찰명을 '용주사龍珠寺'라 했다고 합니다.

사도세자는 영조英祖의 둘째 아들로 어려서부터 영민하여 세 살 때 부왕과 대신 앞에서 효경孝經을 외웠고, 일곱 살 때 동몽선습童蒙先習을 익혔다 합니다. 사도세자는 영조 25년(1749)에 부왕을 대신하여 대리청정을 맡게 되는데, 이때부터 세자를 둘러싼 노론老論, 소론小論의 갈등은 심화됩니다. 세자의 반대 세력인 노론과 계비 정순왕후貞順王后 등이 세자를 모함하니 영조와 원만했던 관계도 악화되어 결국 세자는 영조의 잦은 꾸짖음에 정신질환을 앓게 됩니다. 그 뒤 탄핵을 받으며 이어진 상소는 슬프게도 28세의 젊은 나이에 아버지 영조에 의해 뒤주에 갇혀 8일 만에 죽음을 맞게 됩니다.[27] 이때 11살의 아들 산(정조)은 비통하게 목숨을 잃는 아버지의 비극을 목도해야 했습니다. 그런 정조였기에, 군왕이 되어서 백성에게 보여준 효심을 남달랐습니다. 다음은 정조의 효심을 알 수 있는 가슴 뭉클한 이야기입니다.

27) 이야기 한국사 3, 김한룡, 태서출판사, 1991 참고

『하루는 정조가 아버지 사도세자의 현릉원 주위를 돌고 있는데 송충이가 솔잎을 갉아먹는 것이 눈에 띄었다. 정조는 순간 두 눈에 파란불이 일고 온몸을 부르르 떨더니 "네가 아무리 미물이라지만 어찌 이리도 무엄할 수 있단 말이냐! 비통하게 사신 것도 마음이 아픈데 어찌 너까지 아버지를 이다지 괴롭힌단 말이냐?" 하며 송충이를 잡아 삼켜버렸다. 그 뒤로 융건능隆健陵 주변에서는 송충이를 찾아볼 수 없었다.[28]

일반적으로 사찰은 일주문에서 시작하여 천왕문 불이문을 통해 법당으로 들어갈 수 있도록 되어있으나 용주사는 천왕문, 삼문과 불이문에 해당하는 천보루를 지나서 대웅전으로 들어설 수 있었습니다. 천왕문에서 삼문으로 들어가는 왼쪽에 효행을 역사적으로 기리기 위한 효행박물관이 건립되어있는데, 그 안에는 정조가 하사한 부모은중경을 비롯한 용주사 소장 문화재가 전시되어있습니다.

아버지의 영혼을 위로하기 위한 방법으로 고심하던 정조는 장흥長興 보림사寶林寺의 보경寶鏡스님으로부터 부모은중경父母恩重經을 듣게 됩니다.

"불교에서는 부모의 은혜를 10 가지로 설명합니다.

그 첫째가 아기를 배어서 수호해 주신 은혜, 둘째는 해산에 임하여 고통을 이기시는 은혜, 셋째는 자식을 낳고서야 근심을 잊으시는 은혜, 넷째가 쓴 것을 삼키고 단 것을 뱉어 먹이시는 은혜, 다섯째가 진자리 마른자리 가려 누이시는 은혜, 여섯째가 젖을 먹여서 기르시는 은혜, 일곱째가 더러워진 몸을 깨끗이 씻어주시는 은혜, 여덟째가 먼 길을 떠났을 때 걱정하시는 은혜, 아홉째는 자식을 위하여 나쁜 일까지 감히 짓는 은혜, 열째가 끝까지 불쌍히 여기고 사랑해 주시는 은혜입니다."[29]

---

28) 용주사 홈페이지 참고
29) 용주사 홈페이지 참고

이 이야기를 부처님으로부터 듣고 통곡을 했던 아난존자와 같이, 정조도 차근차근 설법하는 보경스님의 한마디 한마디에 가슴이 미어지고 북받치는 눈물을 참을 수 없었을 것입니다. 아비(사도세자)의 아비(영조)는 천륜을 어기고 아들을 죽음으로 내몰아 그 아들은 아비에 의해 굶어 죽어야 했습니다. 또 죽은 아들의 아들(정조)은 어린 나이에 비정한 부자간의 겉도는 운명을 한탄하며 눈물로 고통스럽게 지켜봐야 했고 구천에 맴도는 아비의 한을 가슴에 묻어야 했습니다. 마침내 정조는 사도세자의 외로움을 달래기 위해 아버지 융릉隆陵곁에 건릉健陵을 조성하여 안장됩니다.

천보루를 지나자 사도세자와 혜경궁 홍씨, 정조대왕의 위패를 모시는 효성전과 부모은중경 탑을 볼 수 있었습니다. 법당 중앙의 문이 열린 대웅전에서는 끊길 듯 말 듯 스님의 애틋한 독경소리가 흘러나오고, 대웅전 앞에는 정조가 직접 심었다는 가느다란 회양나무 한 그루가 효심이 사라지는 요즘세태가 안타까운 듯 망연자실 힘겹게 서있었습니다.

숲속 산비둘기의 구구소리가 독경소리와 함께 바람 속에 묻히고 있습니다.

천년의 사랑

그대 모습 본 적 없어, 사는 곳 아직 몰라
한밤 몰래 찾아와 새도록 노니다가
따스한 품에 기대어 잠들자 떠나셨네

칠석날 상봉하는 직녀 심정 이러할까
바람에 소식 물어 울고불고 찾아봐도
계신 곳 알 수가 없네, 무정한 임이시여

오늘은 오시겠지, 단장하고 기다리나
한 해에 한 번 들러 천년 세월 지나가네
하얗게 지새우던 밤 달님 별님 아시겠지

지난 세월 못내 겨워 눈물 뚝뚝 흘리는데
고개 너머 연화세계 풍경소리 들리던 날
홀연히 마음 한구석 툭 터져 꽃 피었네

사랑은 종성鐘聲같이 울림이 긴 여운인가
잠시 동안 켜진 불꽃 붙잡지 말라하네
댕그랑, 그치지 않고 들려주는 그의 소리

지난날 돌아보면 하루 해 천 년 같고
기다림에 지친 원망 수미산 이루더만
천년이 하루 되던 날 천왕목天王木이 되었네.

경기도 양평 용문산 기슭에 즈려앉은 **용문사**龍門寺를 찾았습니다.

용문사는 신라 신덕왕 2년(913)에 대경대사가 창건했다 합니다. 대경대사는 당나라에서 불법을 유학하고 돌아온 고승이자 신라 경순왕의 스승으로 소백산에 은거할 때 왕건의 부름을 받아 양평 미지산 보리사 주지로 봉해졌다고 합니다. 미지산은 용문산의 옛 이름입니다. 용문산으로 부르게 된 것은, 조선 중종 때 정암 조광조의 수제자인 조욱趙昱 용문 선생이 기묘사화의 피바람을 피해 미지산 퇴촌에 은거한 뒤 학문연구와 후진양성에 힘썼던 그 공덕을 기리기 위해, 그의 별호 '용문'을 따서 붙인 이름이라 합니다. 용문산은 계곡이 깊고 물이 맑아 그 이름처럼 용과의 전설도 많이 얽혀 있습니다. 다음과 같은 이야기를 한 노인으로부터 전해들을 수 있었습니다.

『오랜 옛날 용문면 광탄리에 박朴씨 성을 가진 부자富者가 살고 있었다. 그의 집 앞에는 보산정寶山亭이라는 정자가 있고 그 아래에는 커다란 연못이 있는데, 여기에 청룡이 살고 있어 보산정을 수호함으로써 박씨의 가세는 날로 번창해졌다. 따라서 박씨 집에는 연일 손님이 들끓어 시끌벅적 했으니, 손님 수발을 들어야하는 종손며느리와 종들의 수고는 이만저만한 일이 아니었다. 하루는 스님이 보산정을 찾아와 탁발하므로 시주를 듬뿍한 며느리가 스님께 부탁을 했다. "스님, 손님이 너무 많아 제가 잠시도 쉴 수가 없습니다. 손님이 오지 않게 할 방도는 없는지요?" 스님은 난감해하며 말했다. "방법이 없는 것은 아니나, 그리하면 큰 어려움을 치르게 될 것입니다." 그럼에도 종손며느리가 계속 간청하므로 스님은 그 방법을 알려 주었다. "연못에 소금을 넣어 물이 짜게 되면 손님이 안 올 것 입니다." 마침 며느리는 손님 접대에 지칠 대로 지쳤던지라, 그날 밤 종들을 시켜 스님의 말대로 박 부자 몰래 소금을 풀어 연못에 넣었다. 청룡은 물이 짜져서 보산정 연못에 살 수 없게 되었다.

한편 같은 광탄리에 양梁씨 부자富者가 살고 있었는데, 그가 소유한 봉황정鳳凰亭이라는 연못에 황룡이 살고 있어, 그의 집안 역시 자손이 번성하고 과

객이 많이 머물렀다. 하루는 양 부자가 꿈을 꾸니 황룡이 나타나 "나는 봉황정 연못에 사는 귀댁의 수호황룡입니다. 저 너머 보산정의 청룡이 내게서 봉황정 연못을 빼앗으려하므로 부득이 내일 새벽에 목숨을 건 결투를 하게 되었습니다. 그러니 싸움 도중 내가 몰려 청룡이 내 위에 오르거든, 나를 도와 활을 쏴 청룡을 맞춰주십시오. 그리하면 나와 귀댁이 무사하리라"고 말하는 것이었다. 양 부자는 꿈에 황룡이 알려준 대로 이른 새벽 활을 들고 봉황정에 이르니, 과연 청룡과 황룡이 무시무시한 싸움을 벌이고 있었다. 얼마 후 황룡이 지친 듯 청룡의 배 아래에 깔리게 되자, 양 부자는 시위를 당겨 청룡의 머리를 맞췄다. 청룡은 괴로운 듯 굉음을 지르며 하늘로 올라가 사라졌다. 그때 수리나무고개가 있는 마을은 청룡이 날아간 마을이라 하여 비룡리飛龍里(청운면)가 되었고, 용의 머리가 향한 마을은 용두리龍頭里가 되었다. 이 일이 있은 뒤 보산정은 물이 마르고 박씨의 가세 또한 기울었다. 이와 같이 이 지역은 옛날부터 용이 많이 드나드는 곳이라 해서 지명을 용문龍門이라 했다고도 전한다.』

용문사의 일주문을 지나자 사찰로 오르는 길옆으로 맑은 계곡이 흐르고 있습니다. 잠시 가던 길을 멈추고 계곡의 바위에 걸터앉아 조용히 물소리를 듣노라니, 물소리는 "상선약수上善若水, 상선약수......" 하며 물의 미덕을 노래하는 듯했습니다. 돌을 징검다리삼아 쪼그려 앉아 손을 씻어 보았습니다. 물은 계속 삶의 지혜를 들려주었습니다.

"우리는 언제나 모든 것을 주고 부족한 곳을 채울 뿐만 아니라, 부딪치면 돌아가서 다투지 않고 항상 하나가 되어 살고 있습니다. 또 낮은 곳을 섬기기 위해 흐르고 흘러 세상 만물을 살리고도 정작 우리는 아무 것도 얻으려하지 않는 답니다."

계곡을 끼고 길을 오르다 보니 확 트인 광장이 나왔습니다. 광장 오른쪽에 너와지붕의 전통찻집이 '날마다 좋은 날 되소서.'라는 팻말을 달고 인사를 합니다. 벽암록에서 본 '雲門日 日好日' 즉 '운문선사가 말한 날마다 좋은 날'이 생각났습니다. 누가 옆에 있다면 조주스님이 말씀했다는 '끽다거喫茶去!(차 한잔 하고 가세!)'라고 하고 싶습니다.

광장 왼쪽으로 용문사의 천왕목인 은행나무가 5월의 따스한 햇살을 받으며 연한 은행잎을 피우고, 용문사 동쪽 산으로 300여 미터 떨어진 곳에는 정지국사 부도비가 있습니다. 정지국사(지천대사)는 고려 말 무학대사, 나옹대사 등과 함께 중국 연경에서 수학한 법력이 높은 고승이나, 홀로 은둔하고 수도 정진했으므로 이름이 널리 알려지지 않았다고 합니다. 국사는 태조 이성계 4년에 천마산 적멸암에서 입적했는데, 다비식 후에 사리를 거두지 않자 어느 날 제자인 용문사의 조안祖眼스님 꿈에 나타나 사리 수습을 분부하더랍니다. 조안스님이 그 말씀대로 따르자 영롱한 사리가 많이 나왔고, 이 이야기를 들은 태조는 지천智泉대사를 '정지국사正智國師'로 추증하여 용문사에다 사리탑인 부도를 세우게 했다고 합니다.

많은 전설과 설화를 간직하고 있는 은행나무는 신라 마지막 왕인 경순왕의 아들 마의태자가 망국의 한을 품고 금강산으로 가던 길에 심은 것이라고도 하고, 신라의 고승 의상대사가 짚고 다니던 지팡이를 꽂아 놓은 것이 뿌리내려 자란 것이라고도 하는데, 은행나무의 수령은 신라 말 대경대사가 창건한 용문사의 연대나 마의태자와의 전설을 근거로 1,100년이 된 것으로 추정하고 있습니다. 이 은행나무는 높이 40m, 둘레 11m를 넘어 유실수로는 동양 최대 크기로, 거듭된 병화와 전란 속에서도 불타지 않고 살아남았다하여 천왕목이라는 호칭을 얻어 용문사의 천왕문을 대신하고 있습니다. 그리고 조선시대 세종 때 정3품의 품계를 받아, 세조가 속리산 법주사 행차 때 소나무 가지가 어가에 걸리지 않도록 스스로 들어 올려 벼슬을 받았다는 정2품송과 함께, 품계를 하사받은 나무이기도 합니다. 또 고종이 승하 하셨을 때는 큰 가지가 부러졌고, 6 · 25 등 나라에 변고가 있을 땐 이상한 소리를 내어 국난을 미리 알려주는 등 영험함도 있다고 합니

다.[30]

요즘이야 1980년대 중반 이래 가로수로 은행나무가 식수되어 흔히 볼 수 있지만, 그 이전 이 은행나무는 30 리 밖에서 바람에 날려 온 수나무 수술로 매년 10가마 이상의 열매를 맺으면서도, 볼 수 없는 임에 대한 그리움만 응어리로 남아, 천년의 세월 동안 무수한 외로움과 고통을 감내해야 했을 것입니다. 다행히 용문사가 있어 부처님께 귀의함으로써 대웅전을 바라보며 불법수행에 전념하여 온갖 고난은 이길 수 있었으나, 애초 품었던 싸늘한 원망만큼은 아직도 업으로 남아 열매에 서린 노란 겉피의 원기怨氣 만큼은 지워지지 않고 남아있는 것인지 모릅니다. 하지만 부처님을 향한 강한 불심과 수행공덕이 있었기에 천왕목이 될 수 있었을 것입니다.

은행나무는 봄이 되어 용문사를 찾는 많은 사람들의 행렬과 봄바람에 실린 나른한 햇살에, 젊은 시절의 한때를 회상하는 듯 설레설레 고개를 흔들고 있었습니다.

---

30) 양평군 용문산 관광안내문

천장사天藏寺의 비밀을 찾아서

텅 빈 저 하늘에 그 무엇 숨었을까
해와 달 어둠속 별 구름 속을 거닐며
반딧불 제 몸 밝히듯 스스로 빛을 내네

한줄기 빛을 따라 어둠이 물러서자
서로 나뉜 낮과 밤 사계로 돌고 돌아
음양이 한데 어울려 그물코 뜨고 있다

하늘은 사심 없이 풍운우로風雲雨露 밝히 내려
스스로 은혜 받고 그릇 따라 크라는데
우러러 다시 본 창공 닮아 살라 눈짓하나

연암산 중허리에 은거하듯 둥지 튼 절
철 따라 발길 따라 찾는 사람 마다않고
문밖에 기웃하려면 발 들이지 말라하네

낙숫고랑 타고 오른 수도승의 시름인가
천장사 기왓골 틈 풀 이끼 자라있어
올가을 무명초 걷어 성우惺牛 찾고 싶다는데

콧구멍 없는 소를 어떻게 낚아챌까
코뚜레 꿸 곳 없어 잡아도 놓치게 되니
차라리 음매 소리 내 소가 되면 어떤가

빈 거울로 마음 비춰 코 없는 소 찾아본다
한 평 남짓 선방 들러 묵은 체취 돌아보며
문밖에 목 축 늘인 솔 푸른 향기 뱉고 있네.

충남 서산 연암산燕巖山 남쪽 중턱에 자리한 **천장사**天藏寺를 찾았습니다.

천장사는 백제 무왕 34년(633), 담화선사가 수도하기 위해 창건하였다고 전하며 조선조 말 한국불교에 선풍을 불어온 고승 경허대선사(1849~1912)와 그의 제자 수월, 혜월, 만공선사가 수도한 곳으로 알려져 있습니다.

산 서쪽에 있는 큰 바위가 마치 제비가 날아가는 모습과 같다하여 이름 붙여졌다는 연암산(440m)에는 통일신라 이후에 축조된 것으로 보이는 3km에 달하는 산성도 있어 역사의 신비로 둘러싸인 곳입니다. 이 산에 둥지 튼 천장사는 하늘을 품고 도인처럼 은둔해 있어 사찰에 머문 스님들이 잘 갈무리된 보배를 캐듯 깨달음을 얻을 수 있었는가 봅니다.

빗발이 줄기차게 내리는 가운데 꼬불꼬불 이어진 서산 고북면 장요리 농로를 지나 연암산 비탈, 주차장에 도착했습니다. 5월의 신록을 넉넉하게 두른 주차장은 10여대 남짓 세울 수 있어 산기슭에 이만한 공간을 마련했다는 것이 다행스러웠습니다. 산턱을 깎아 시멘트로 포장한 가파른 길을 따라 천장사로 향했습니다. 한 두 구비 돌아 오르자 기왓장을 포개 쌓은 담장이 나타나고 그 너머로 천장사가 수행요사와 함께 엷은 비안개 속에 아늑한 모습을 드러냈습니다.

절 마당에는 오랜 풍우에 시달려 본래의 모습을 잃은 고려시대 풍의 7층 석탑이 느티나무 옆에서 법당을 지키고 한쪽 구석에는 정병을 들고 중생에게 청정수를 뿌리며 복락을 내리는 관음보살석상이 사바세계를 애틋한 눈으로 굽어보고 있습니다. 그동안의 고된 수행으로 지친 듯 퇴색된 단청을 걸치고도 빛 잃은 줄 모르고 서있는 법당과 현판 '천장암天藏菴'이라는 글이 묘한 의미로 가슴을 두드립니다. 그것은 이곳에 하늘의 보배가 숨겨져 있으니 한 번 찾아보라며 넌지시 암시를 던지는 듯 했습니다. 오랫동안 사건의 실체에 매달리다가 마침내 조그마한 단서 하나를 발견한 형사처럼 야릇한 호기심이 온몸을 감쌉니다.

대선사 경허큰스님이 제자 수월, 혜월, 만공스님과 함께 머물며 수많은 일화를 남긴 곳. 또 스님들이 하늘이 감춰둔 비밀을 풀어내 깨달음을 얻은 이곳 천장사! 규모가 작음에도 암자가 아닌 천장사로 불리는 이곳에서 경허선사는 속가의 형인 주지 태허스님과 어머니와 함께 한동안 기거하게 됩니다.

하늘의 비밀을 찾기 위해 먼저 느티나무 옆에 있는 수행요사를 살폈습니다. 경허선사가 지었다는 염궁문念弓門이라는 요사의 현판이 눈에 들어옵니다. 비밀을 알기위해서는 먼저 탐진치 삼독의 번뇌로 출렁대는 마음을 활로 쏘아야 할지 모르겠습니다. 그러나 내게는 비밀을 풀려면 '무념처에 이르도록 끝없이 궁구하라'는 뜻의 염궁문念窮門으로 느껴졌습니다. 스님들이 수행하는 데 방해되지 않게 조심조심 서성거릴 때 요사 창틀위에 부착된 '기웃거리는 분은 들어오지 마시오. 섬인물입閃人勿入'이라고 쓴 팻말이 나를 보고 붙인 글인 것 같아 머쓱해지고 말았습니다.

더 의미 있는 단서를 찾기 위해 천장암을 살피기로 했습니다. 천장암은 법당을 따로 짓지 않고 스님이 거처하는 방에 불상을 모신 인법당因法堂이었습니다. 관음보살님을 모시고 있는 인법당은 디귿(ㄷ)자

모양의 오래된 목조 기와 건물로 탈색된 벽화와 단청, 주련이 험난하게 지탱해온 세월의 무게를 알리는 듯했습니다. 주련은 나옹스님의 사구게四句偈로 시작했습니다. 이 게송에는 다음과 같은 사연이 얽혀 있습니다.

『나옹스님에게는 누이동생이 있었다. 누이는 스님이 머무는 절에 찾아와 오라버니의 배경을 믿고 게으름 피우며 수행을 제대로 하지 않았다. 하루는 스님이 누이동생을 불러서 물었다.

"누이께서 절에 왔으면 수행을 열심히 하셔야지, 어찌하여 빈둥거리는 것입니까?"

"굳이 제가 수행하지 않아도 오라버니께서 큰스님이시니 그 공덕으로 제가 극락 갈 수 있지 않겠습니까?"

이 대답을 듣고 스님은 며칠 후 떡을 들고 누이의 방으로 갔다. 누이에게 주지 않고 혼자 맛있게 다 먹은 스님은 누이동생에게 뜬금없이 물었다.

"누이께서는 이제 배가 부르십니까?" 누이는 팩 토라져 볼멘소리로 대꾸했다. "떡은 스님이 다 드시고 어찌 저더러 배가 부르냐고 묻습니까?" 스님께서는 기다렸다는 듯이 "그러면 수행은 내가 하는데 어찌 누이께서 극락에 갈 수 있다고 하십니까?"고 되물었다. 이 말에 크게 느낀바 있는 누이는 극락에 갈 수 있는 가르침을 스님께 청했다. 나옹스님은 천장암 주련에 있는 다음과 같은 게송을 지어주시며 앞으로 나를 찾지 말고 아미타 부처님을 찾아 수행에 전념하라 했다.』 31)

阿彌陀佛在何方 (아미타불재하방) 아미타 부처님 어느 곳에 계시는가
〔着得心頭切莫忘 (착득심두절막망) 마음에 간직하여 잊지 말 것이니.〕 32)
念到念窮無念處 (염도염궁무념처) 생각을 다한 끝에 무념처에 다다르면
六門常放紫金光 (육문상방자금광) 온 몸에서 언제나 부처님 빛 비추리.

---

31) http://blog.daum.net/ilgaklo/15832605 나옹스님과 누이 참고
32) 주련에는 〔 〕의 게송이 빠져있음

白玉明毫發兩眉 (백옥명호발양미) 백옥같은 밝은 빛 눈썹 사이 피어나니
紫檀金色不雙臉 (자단금색불쌍검) 자색금빛 발하시는 부처 얼굴 아니신가.
照耀朦朧五彩明 (조요몽롱오채명) 황홀한 광채 비춰 오색광명 드러나니
當空宛轉千花秀 (당공완전천화수) 모자람 없는 빈자리 온갖 꽃이 피누나.
一音淸震三千界 (일음청진삼천계) 한 소리에 삼천세계 드맑게 뒤흔드니
七辯宣淡八諦門 (칠변선담팔제문) 펼치신 모든 말씀 해탈문에 이르네.

주련을 한 구절 한 구절 음미하며 읽어 가다가 문득 마음에 와 닿는 구절이 있었습니다. '생각을 다한 끝에 무념처에 이르면 온 몸에서 언제나 부처님 빛이 비춘다.' 즉 '부처가 된다.'는 글귀였습니다. 하지만 '하늘이 감춘 비밀을 풀려면 부처가 되라는 의미일까? 부처가 되면 그 비밀을 알 수 있다는 의미일까?' 알쏭달쏭하기만 했습니다.

벽화에서 단서를 찾아보기로 했습니다. 벽에는 석가모니 부처님의 일생을 8폭으로 그린 팔상도八相圖 중에 하얀 코끼리가 마야부인 태중으로 들어오는 모습兜率來儀相, 룸비니 동산에서 탄생하시는 모습毘藍降生相, 부처님께서 설산 수도하는 모습雪山修道相 등 3폭의 탱화가 그려져 있습니다. 그 옆에는 한 나그네가 코끼리에 쫓긴 나머지 등나무줄기를 잡고 우물 속에 들어가자 흰쥐와 검은 쥐가 위에서 번갈아 나무줄기를 갉아대고 우물바닥에는 독룡이 입 벌린 채 이제나 저제나 떨어지길 기다리는데, 벌이 온몸을 쏘고 있는 상태에서도 한 방울의 꿀맛을 보고 좋아라하는 인생을 비유적으로 설명한 <불설비유경>의 '안수정등岸樹井藤 이야기', '혜가스님이 달마의 제자가 되기 위해 팔을 잘라 신심을 보이는 모습의 그림' 그리고 아이들에게 작대기로 맞는 경허스님 일화가 그려져 있었습니다. 벽화의 경허스님 일화는 다음과 같습니다.

『하루는 경허대사가 어느 마을의 고갯마루를 지나는데 나무하러온 아이

들이 무리지어 놀고 있었다. 경허는 아이들을 불러 모으더니 "나를 아느냐?" 고 물었다. 아이들은 얼토당토않은 경허의 질문에 "처음 뵙는 분이라 모르겠는데요."하고 대답했다. 경허는 다시 물었다. "그러면 내가 보이기는 하느냐?" "봉사도 아닌데 어찌 안보이겠습니까?" 이 대답을 들은 경허는 한 가지 제안을 했다. "정말 내가 보이면 너희들이 가지고 있는 작대기로 나를 때려보아라. 나를 맞추면 엿을 살 수 있도록 한 푼씩 주겠다." "스님, 정말이십니까?" 한참을 망설이며 몇 번이고 다짐 받은 아이들은 작대기로 경허를 후려치기 시작했다. 경허는 맞으면서도 "나를 때리라니까, 뭐 하는 것이냐? 나를 때려보란 말이다." 했다. 아이들은 경허가 돈을 주기 싫어 억지 부리는 것으로 알고 때리기를 멈췄다. 경허는 아이들에게 약속대로 한 푼씩 쥐어주었다.』 33)

뒤뜰에서 본 인법당 지붕의 기와 이음새 부분에는 수도승들의 고뇌를 알리려는 듯 잡풀이 자라있어 천장암은 마치 경허의 도를 그리워하는 듯 보였습니다. 경허는 '나귀의 일이 끝나기 전에 말의 일이 도래했다驢事未去 馬事到來'는 화두를 들고 동학사에서 용맹정진 하던 중 한 사미승이 "콧구멍 없는 소가 무슨 뜻입니까?" 하는 질문을 듣고 큰 깨달음을 얻어 오도송을 부르고 이후 경허의 법명은 '깨달은 소'라는 뜻의 성우惺牛가 됩니다.

忽聞人語無鼻空 (홀문인어무비공) 홀연히 콧구멍 없다는 소리를 듣고
頓覺三千是我家 (돈각삼천시아가) 문득 삼천대천세계 내 집임을 깨달았네.
六月燕巖山下路 (유월연암산하로) 유월 연암산 아랫길에
野人無事太平歌 (야인무사태평가) 들사람 한가로이 태평가를 부르네.

하늘의 비밀을 푸는 열쇠는 바로 '콧구멍 없는 소, 즉 무비공無鼻空'

---

33) 고승열전 경허큰스님, 착한 일을 많이 하게 그대가 부처일세, 윤청광지음, 우리출판사 참고

에 있다는 생각이 들었습니다. '무비공'이란 화두를 가슴에 품고 인법당에 붙은 경허스님의 거처이며 선방이었던 '원구문圓求門'을 스님의 설명을 들으며 살펴보았습니다. '원융圓融한 도를 구하는 문'이라는 뜻의 원구문을 열자 한 평도 안 될 것 같은 쪽방 한쪽 벽에 경허스님의 초상이 걸려있고 그 밑에는 통나무를 잘라 만든 작은 탁자가 있었습니다. 탁자 위의 자기향로와 향을 꽂아둔 향통은 마치 언제 켜질지 모르는 그때를 기다리는 듯 보였습니다. 그 반대쪽 벽에는 이부자리나 방석 등을 얹었을 것 같은 대나무 선반이 앉은키높이 위로 걸려 있었습니다.

수행과 깨달음은 큰방이나 거창한 장소와 비례하는 것이 아닌가봅니다. 경허스님은 이렇게 거동하기 불편하고 답답해 보이는 쪽방에서도 원만하고 아무 걸림 없는 도를 이루고 보림과 수행을 할 수 있다는 것을 보여주는 듯했습니다. 오히려 시봉으로 계시던 만공스님이 머물렀다는 옆방이 훨씬 컸습니다. 깨달음을 얻은 경허스님은 그 뒤 숱한 무애행의 일화를 남깁니다.

선일禪一 주지스님을 찾아뵙고 차 한 잔을 마시며 경허스님과 천장사에 얽힌 이야기를 들었습니다. 해가 뉘엿뉘엿한 시각이라 오래 있지는 못했지만 스님의 말씀에서 또한 아직도 옛날 부엌에서 장작을 때며 공양을 짓는 모습에서 그리고 현대식 삶을 거부하고도 불편한 줄 모른 채 옛 방식대로 수행 정진하는 고집스러움을 보며 경허스님 후예의 면모를 엿볼 수 있었습니다.

밖에 나오니 아직도 비는 그칠 줄 모르고 시원한 바람에 날리고 있습니다. 하늘은 어느 곳에 바람과 비를 숨겨 두었던 것일까요? 하늘은 이 순간에도 아무런 사심 없이 즉, 호불호, 미추, 선악 구분 없이 있는 그대로 뭇 생명에게 풍운우로風雲雨露의 은혜를 내리고 있습니다.

하늘은 무주상보시를 펼치고 있는 것입니다.

'콧구멍 없는 소'를 깨달은 빈 거울 경허스님이 늘 말씀하셨다는 "착한 일 많이 하게, 그대가 부처일세."라는 말씀으로 보아 깨달음의 결과는 무애행과 선행인가 봅니다. 바로 지금 내리고 있는 비와 같이 모든 생명에게 활력을 주고 잘 자랄 수 있게 하는 것이 바로 깨달음의 요체이며 텅 빈 하늘이 숨기고 있는 보배가 아닐는지요?

"날이 어두워지니 내려갈 때는 계단으로 가세요. 그 길이 빠르고 안전합니다."하시며 <고승열전 경허스님 편>과 염주팔찌를 기념으로 들려주시는 주지스님에게서 단비와 같은 포근함이 느껴졌습니다.

제 2 부

▲ 소백산 '희방폭포'

무더운 날이면
한줄기 소나기 그립고
뜨거운 햇살엔
거들떠보지 않던
한 뼘 그늘 반갑듯

어둠처럼 짓누르던 고뇌도
돌아보면
스스로를 알게 하고
연단시키는 채찍이자
때로는 성숙케 하는
스승이었을 터,

뻐꾸기

아침나절 뻐꾸기 가지 위서 안절부절
업둥이로 보낸 자식 무탈하게 잘 있는지
먼발치 오목눈이 둥지 애태우며 뻐꾹 뻐꾹!

말은 어미로되 집짓는 재주 없고
품고 기른 모성母性 없이 어미 노릇 하겠다며
내버린 자식 못 잊어 우짖는다, 뻔 뻐꾹!

둥지에서 이복동생 버둥버둥 밀쳐내고
뻐끔뻐끔 입 벌리며 엄마 따라 말 배우네
시러베 오목눈이 부부 먹이대기 바쁘다

어이할꼬, 삼생악연三生惡緣 소박데기 어미 뻐꾹
원수덩이 던져놓고 질긴 인연 이어 가네
머리에 내린 무더위 지친다고 뻐뻐꾹!

가엾다 오목눈이 작은 몸집 뒤뚱뒤뚱
괴물새끼 키우기에 허리 다리 모두 휘네
귓가에 거슬린 소리 머리 지끈 아프다

뻐꾸기 고별하고 생모生母 따라 먼 길 갈 때
오목눈이 부부 남아 파김치에 후련하네
내생에 닥칠 기연을 한 겹 미리 벗겼는가

어린 자식 돌본 공덕 도리천에 도달하고
뻐꾸기 슬픈 운명 선악수연善惡隨緣 일러주네
전생에 얽힌 실타래 이승에서 풀었을까

구룡사 아홉 구九가 거북 구龜로 바뀌듯이
호사好事 쫓는 중생마음 사찰 에워 여전하고
뻐꾸기 드리운 그늘 원통문圓通門에 걸렸네.

원주 치악산에 있는 **구룡사**를 찾았습니다.

이 산의 주봉인 비로봉(1,288m) 능선 아래에 있는 구룡사는 신라 문무왕文武王 때 의상대사(625~702)가 창건했다고 전하며 다음과 같은 전설이 있습니다.

『의상대사가 당나라에서 돌아온 후 관음도량 기도처를 찾기 위하여 원주를 지나갈 때, 치악산을 보니 주봉인 비로봉의 능선을 따라 경관이 빼어나고 계곡이 깊어 절경을 이루는지라 사찰 건립의 적지로 생각되었다. 그러나 안타깝게도 대웅전을 모실 터에 큰 연못이 있고 거기에는 9용이 살고 있는 게 아닌가?

"부처님 모실 명당 터에 용이 살고 있으니 낭패로다."

마침 의상대사의 한탄을 듣고 아홉 용은 의상대사에게 나타나 말했다.

"우리는 본래 부처님의 법을 수호하는 호법용들로 부처님 모실 전각을 짓는데 반대할 수 없습니다. 그러나 대사의 말을 무조건 믿을 수도 없는 법. 정말 대사의 말대로 이곳이 명당인지 아닌지는 대사의 도력을 시험하여 진위를 확인할 수밖에 없습니다. 우리와 도력을 시합해서 대사가 이기면 대사의 말을 따르리라."

말을 마치고 용은 하늘에 올라 바람을 부르니, 갑자기 광풍과 먹구름이 일어 깜깜해지고 폭우가 내리기 시작했다.

불어난 물은 삽시간에 계곡에 넘쳐 대사가 있는 곳까지 잠겼으나, 대사는 태연하게 연꽃을 타고 연잎으로 비를 가리며 비로봉에 올라 좌선하며 비가 그치길 기다렸다. 한동안 비를 내리던 용은 대사가 수장되었으리라 생각하고, 비를 거두고 대사가 있던 연못에 내리니 대사는 연꽃에 태연하게 앉아있는 것이 아닌가?

"너희가 연못에 살면서도 연꽃이 물 위에 핌을 몰랐단 말이냐? 이제 내 차례니 잘 보도록 하여라."

말을 마친 대사는 다라니(진언)를 한 장 그려 연못에 던졌다. 갑자기 연못에서는 더운 김이 모락모락 나더니, 곧 부글부글 끓기 시작했다. 용들은 뜨거워 연못을 뛰쳐나와 황급히 동해로 달아나면서 구룡사 앞산을 여덟 계곡으로 만들고, 그중 한 마리는 끓는 물에 눈이 멀어 근처의 용소龍沼에 몸을 숨겼다. 그 뒤 연못을 메워 사찰을 짓고 아홉 용이 살던 곳이라 하여 구룡사九龍寺라 이름했다.

그러나 조선시대에 궁중에서 쓰는 치악산 산나물이 구룡사 주지스님의 검사로 통과되었으므로, 인근 주민이 나물 값을 더 받기 위하여 뇌물을 바치자, 구룡사는 물질적으로 풍성해졌으나 정신 도량으로는 몰락의 길을 걷게 되었다. 이에 한 도승이 찾아와 사찰의 몰락이 절 입구 거북바위의 혈穴이 왕성하기 때문이라며 거북혈을 끊으라 했다. 그 말대로 거북바위를 깨어 혈을 끊었음에도, 이상하게 신도 수는 줄게 되고 쇠락한 명찰의 기세는 되돌릴 수 없었다. 그러던 어느 날 다른 도승이 나타나

"거북바위의 혈맥을 끊은 것이 사찰 쇠락의 원인이니, 죽은 거북을 살려 혈맥을 잇기 위해서는 구룡사九龍寺의 '아홉 구九' 대신 '거북 구龜'를 써야한다."고 처방했다. 그 뒤로 구룡사龜龍寺가 되었다 한다.』 1)

그리고 치악산雉岳山 명칭과 관련하여 다음과 같은 전설이 전하고 있습니다.

---

1) 구룡사 홈페이지 참고

『옛날 한 선비가 과거를 보러 가는 길에 적악산赤岳山(지금의 치악산) 기슭을 걷고 있는데 숲속에서 푸다닥거리는 꿩의 다급한 소리가 들렸다. 선비는 궁금하여 소리 나는 곳으로 달려 가보았더니, 커다란 구렁이가 둥지에 있는 새끼들을 잡아먹으려는 게 아닌가? 선비는 꿩 가족을 측은히 여겨 화살을 당겨 뱀을 맞췄다. 길을 재촉하던 중 날은 저물고 선비는 길을 잃었다. 여기저기서 산짐승 소리가 들리고 땀이 비 오듯 하는데 다행히 멀리서 불빛이 보였다. 불빛을 찾아가니 그곳에 초가가 있어 선비는 주인장을 불렀다.

"이리 오너라……"

몇 번 부르자 인기척과 함께 소복을 입은 여인이 나왔다. 선비는 하룻밤을 머물고 가기를 청했고, 여인은 상중이었으나 선비의 딱한 사정을 듣고 청을 받아들였다. 선비는 잠에 빠졌는데 가슴이 답답함을 느꼈다. 깨어보니 커다란 구렁이가 자신을 칭칭 감고 혀를 날름거리고 있지 않은가?

"나는 네게 원수진 바 없는데, 어찌 나를 해치려 하는가?"

"오늘 네가 죽인 구렁이가 바로 내 남편이다. 며칠 있으면 용이 되어 승천할 수 있었으나 너로 인하여 물거품이 되었다. 내가 너를 죽여 마땅히 서방님의 원수를 갚으리라."

"새끼의 생사에 절박해 하는 어미 꿩의 모습이 측은하여 그냥 지나칠 수 없었다. 어찌 인간의 탈을 쓰고 약한 자의 슬픔을 마다할 수 있겠느냐? 내 진정으로 사과하는 바이니 노여움을 풀도록 해라."

구렁이는 선비의 설득에 마음이 누그러지며 한 가지 제안을 했다.

"멀리 적악산 절벽 위에 종루가 있어 그 종이 세 번 울리면 죽은 내 남편이 극락왕생하고 나도 승천할 수 있다. 당신이 활을 잘 쏘니, 그 활로 종을 울리면 당신을 살려줄 것이요. 그렇지 않으면 당신의 목숨을 거둘 것이다. 한 번 해 보겠느냐?"

선비는 흔쾌히 승낙하고 밖으로 나가, 멀리 보이는 종루를 향해 겨누고는 활시위를 힘껏 당겨 쏘았다. 한 발, 두 발, 세 발, 화살은 종루가 너무 멀어 닿기 전에 포물선을 그리며 떨어지고 있었다. 선비는 포기하고,

"사나이가 뜻을 펴지도 못하고 이렇게 세상을 떠나야 한단 말인가? 나의 운명이로다."

하고 탄식할 때 갑자기 종소리가 들렸다. 댕! 댕! 댕! 선비의 옆에서 차가운 눈초리로 노려보던 소복한 여인이 사라지더니 하늘에서 부드러운 음성이 들렸다.

"선비님, 선행으로 쌓은 공덕은 모든 어려움을 벗어나게 하는가봅니다. 부디 급제하셔서 좋은 뜻을 펼치십시오."

선비는 종소리가 놀라워 종루로 올라가 보았다. 그곳에는 꿩 세 마리가 머리가 깨져 죽어있는 게 아닌가? 꿩은 선비에게 은혜를 갚은 것이었다. 그 뒤로 적악산은 꿩 치雉자를 써서 치악산雉岳山이라 불렀다.』 2)

치악산 관리사무소에서부터 오솔길을 덮은 노거수의 그늘이 계곡의 찬 기운과 합쳐져 서늘했습니다. 얼마 지나지 않아 만난 구룡교龜龍橋는 교각에 구룡사의 상징인 거북과 용의 형상을 세워 구룡사의 전설을 알리는 듯했습니다.

맑은 계곡물에 이끌려 손을 적실 때 뻐꾸기 소리가 들렸습니다. 오목눈이나 개개비 둥지에 탁란托卵한 후 새끼를 부르는 어미 뻐꾸기의 애절한 울음소리가 심금을 울렸습니다. 오목눈이 새와 뻐꾸기의 기이한 인연.......

이어서 모습을 드러낸 일주문의 '원통문圓通門'이란 현판은 인타라망因陀羅網으로 얽힌 불교의 진리를 전하는 듯 했습니다.

구룡사에서 돌아본 서낭신을 모신 국사단局司壇, 산신할멈과 할아범을 모신 삼성각, 액막이를 위해 대웅전 옆에 고사상을 차려 모시고 있는 방위신인 구랑신狗狼神 등은 액난을 피하고 복락을 빌고자하는 토속화된 불교의 한 단면을 보이고 있었습니다.

---

2) 전설 편집

마음에 굴레 씌워

강물은 예로부터 흐르며 늘 푸르른데
가슴속 내 마음 자성 어디 숨었을까
한 줄기 드맑은 바람 무명세계 털고 있네

피안彼岸으로 떠나가는 뱃길을 찾아본다
미진세계 다리 놓여 여강驪江 이미 가르고
길 잃은 빈 나루터만 표석標石 남아 지키네

봉미산鳳尾山 끝자락이 물속에 잠겼을까
강바람 잦아들어 물결마저 잠잠한데
용궁어龍宮魚 솟아오르며 열리는 청평세계,

나옹선사 마음인 듯 창공도 푸르구나
눈길 닿은 청산마다 형형색색 빛이 나고
강물에 인 물그림자 거울처럼 비추네

구름이 이는 것은 수심 실은 그림자요
그림자 지는 건 열락悅樂이 내린 그늘인가
강월헌江月軒 정자에 올라 근심 풀어 보려네

불심 잃어 염착 따라 떠도는 이 마음도
굴레 씌워 바투 잡고 유유한 강물 닮다 보면
고삐 챈 용마가 되어 세상 시름 건힐까.

경기도 여주의 **신륵사**를 찾았습니다.

신륵사神勒寺는 남한강 상류 여강驪江을 따라 나지막하게 형성된 봉미산鳳尾山 남쪽 기슭에 자리 잡고 있는데, 신라시대 때 원효대사(617~686)가 창건했다 합니다.

창건 전설에 의하면

『어느 날 원효대사가 이 근처 마을에서 유숙하는데 꿈에 흰 옷을 입은 노인이 나타나 지금의 절터에 있던 연못을 가리키며 신성한 가람이 설 곳이라고 알려주었다 합니다. 그 말에 원효대사는 연못을 메워 절을 지으려 하였으나 아홉 마리 용이 살고 있어 7일간의 기도와 정성 끝에 용이 승천하게 되어 절을 지었다고 합니다.』[3)]

그럼에도 사찰 이름은 고려 우왕 때 여주의 마암馬岩 부근에 용마龍馬가 나타나 사람에게 피해를 주자, 나옹선사가 신기神奇한 굴레勒를 가지고 그 말을 다스렸다는 전설에서 유래했다고도 하고, 고려 고종 때 건너편 마을에 용마가 나타나 걷잡을 수 없이 사나워서 붙잡을 수 없었던 것을 인당대사印塘大師가 신력神力으로 굴레勒를 씌워 제압했으므로 신륵사神勒寺라고 했다는 설이 있다고 합니다. 신륵사 전설의 의미는 사실관계를 떠나 오래된 사찰이라는 것과 드물게 강변에 자리한 사찰의 자연 환경적 요인과 민속생활, 미륵신앙의 결합에서 생겨난 이야기로 해석할 수 있을 것입니다.

따라서 다음과 같이 전설을 재구성해 봅니다.

『오래된 옛날, 도력이 높은 '인당대사印塘大師'가 기도 중에 관음보살로부터 현몽을 얻었다.

"파사성에서 남쪽으로 강을 끼고 50여 리 내려가면 봉황의 꼬리를 닮은 산자락이 강물과 닿는 지역이 있느니라. 그곳에 부처님의 기도도량을 세우도

---

3) 신륵사 홈페이지 참고

록 하라."

대사는 꿈에서 이른 대로 파사성을 지나 강을 따라 상류지역으로 오르니 과연 산자락이 봉황의 꼬리처럼 강에 닿는 곳이 있었다. 그곳에서 대사는 촌장을 만나 마을 형편을 물어보았다. 촌장은 "강 옆에 용이 9마리 살고 있는 연못이 있는데, 그곳의 용들이 요즘 들어 갑자기 나타난 검은색의 용마와 한바탕 어울려 노는 까닭에 비가 자주 와서 홍수도 나고 잘 자란 농작물도 다 망가지게 되었습니다. 부처님도 무심하시지 어찌 그런 일이 생기게 놓아두시는 건지...." 하는 것이었다. 대사는 연못으로 찾아가 용을 불러내 꾸짖었다.

"본래 용은 부처님이 탄생하셨을 때 9용이 물을 토해 부처님의 몸을 씻어준 공덕으로 용왕으로부터 여의주를 받고 부처님의 호법신으로 사명을 받았거늘 어찌 그대들은 호법은 받들지 않고 마을에 비를 많이 내려 부처님의 은덕을 가리는가?"

용은 처음에 대사를 우습게보았으나 말이 틀리지 않은 까닭에 공손히 대답했다.

"우리가 호법을 다하지 못하는 것은 이곳에 사찰이 없기 때문이요, 또한 보름날 저녁이면 검은 구름과 먼지를 일으키고 용마가 나타나 우리를 놀자고 불러내기 때문입니다. 그 용마가 나타나지 않으면 우리가 잠잠하여 마을에 해가 없을 것입니다."

대사는 아홉 용으로부터 용마의 특성을 물어보니 얼굴이 검고 용과 같이 생겼으며 힘은 천하장사요 사납고 빠르기가 비호같으며 도무지 다룰 수 없다는 것이었다. 인당대사는 밧줄의 끝부분을 용마의 얼굴이 들어갈만하게 올무처럼 둥글게 만들었다. 보름이 되자 과연 용마가 검은 구름과 광풍을 일으키며 마을에 나타났다. 대사는 용마를 소리쳐 불렀다.

"이놈, 이 못된 놈의 용마야! 네가 힘이 장사라고? 어디 나하고 힘 한 번 겨뤄보자."

용마가 그 말을 듣고 가소롭다는 듯 말했다.

"중이면 염불이나 욀 일이지, 무슨 힘이 있다고 내게 도전하느냐?"

마침내 용마는 인당대사가 만든 올무처럼 둥근 밧줄의 끝부분을 물고 스님은 밧줄을 잡고 줄다리기를 하기로 했다.

"내 너를 잡아당겨 강물에 처박아 줄 것이다."

용마는 큰 소리쳤고 스님은 용마가 밧줄을 입으로 물 수 있도록 가까이 가져갔다. 순간 스님은 용마의 주둥이를 올무에 넣고 확 잡아당겨 조이고난 뒤 주문을 외었다. 용마의 입을 묶은 밧줄은 손오공의 머리띠처럼 점점 더 조여왔으므로 용마는 아파서 꼼짝 못하고 그저 고분고분 해질 수밖에 없었다. 인당대사가 지금의 여주읍 상리의 한 바위에 용마를 묶었을 즈음 9용이 나타나 간청했다.

"대사님, 용마를 용서해 주시면, 저희가 용마와 함께 이곳을 떠나겠나이다. 그리고 이곳에 사찰을 지으면 저희가 지킬 것이니 부디 저희의 청을 거절치 마옵소서."

대사가 용의 청을 받아들여 용마를 풀어주자 모두 사라졌다. 그 후 용이 살던 연못을 메워 절을 지었는데, 마을 사람들은 신통력으로 용마를 굴레 씌워 잡았다는 뜻에서 신륵사神勒寺라고 했고, 대사를 신기한 미륵부처님 같은 분이라 하여 신륵사라고도 불렀다. 또 용마가 묶였던 바위를 마암馬岩, 용이 살던 연못에 지은 누각을 구룡루九龍樓라고 했다. 마을 사람들은 인당대사의 이름을 아는 사람이 적어 더러는 인당대사印塘大師라고도 불렀고 대사의 행색이 누추하나 인자하며 법력이 뛰어나, 말로만 들어온 원효대사라고도 불렀다. 그리고 신륵사가 있는 산은 봉황의 꼬리 같은 산자락이라 하여 봉미산鳳尾山이라 불렀다.』 4)

신륵사는 고려 우왕 1년(1375) 나옹선사가 밀양 영원사로 가시던 중 머물다가 1376년 입적하면서 유명하게 되었으며, 조선시대에는 영릉(세종대왕 능)의 원찰이 되어 사세를 이어갑니다. 신륵사에는 고려시대풍의 다층전탑과 나옹선사의 당호를 딴 정자인 강월헌이 있어 이곳에서 굽어보는 여강은 자연경관과 어울려 절경을 이루고 있는데, 강, 신륵사, 영릉과 이릉, 파사성을 토대로 한 여주 팔경 중에 신륵모종神勒暮鍾, 즉 '신륵사에서 울려 퍼지는 저녁 종소리'는 으뜸을 차지

4) 신륵사 홈페이지 전설 참고

한다고 합니다.

많은 전설과 역사를 품고 있는 신륵사!

신륵사를 돌아보며 '우리가 고삐 없는 용마처럼 갈팡질팡할 때 부처님의 신력으로 마음에 굴레를 씌워 탐욕과 성냄과 어리석음에서 벗어나게 되면 세상을 밝히는 조그마한 등불이 될 수 있지 않을까?' 하는 생각을 해보았습니다. 아울러 꿈속에서라도 나옹선사의 선시 '청산은 나를 보고青山兮要我'에 담긴 편안하고 고요한 마음을 얻을 수 있기를 바라는 기원도 드렸습니다.

青山兮要我以無語 (청산혜요아이무어) 청산은 나를 보고 말없이 살라 하고
蒼空兮要我以無垢 (창공혜요아이무구) 창공은 나를 두고 티 없이 살라 하네.
聊無愛而無憎兮 (료무애이무증혜) 사랑도 벗어놓고 미움도 벗어놓고
如水如風而終我 (여수여풍이종아) 물같이 바람같이 살다 가라 하네.

青山兮要我以無語 (청산혜요아이무어) 청산은 나를 보고 말없이 살라 하고
蒼空兮要我以無垢 (창공혜요아이무구) 창공은 나를 두고 티 없이 살라 하네.
聊無怒而無惜兮 (료무노이무석혜) 탐욕도 벗어놓고 성냄도 벗어놓고
如水如風而終我 (여수여풍이종아) 물같이 바람같이 살다 가라 하네.

야생화野生花

산길로 들어서니 그늘 내려 호젓한데
무명초 한껏 자라 발길 가로 막는구나
간밤에 흩뿌린 빗물 인업因業으로 얽혔나

야생화 눈길 끌어 길섶에서 맺은 인연
꽃향기 마음 쏠려 외로움 잊어보네
풀잎도 보드라워라 향기 가득 맺혔다

스치는 이 많고 많아 행여 들꽃 다칠세라
가는 길 눈에 밟혀 발길마저 묶어두고
이 낮은 돌탑 울 만들어 마음 가둬 보았네

돌 한 덩이 쌓아가며 정성 담아 내려놓고
줄이어 엮 세울 때 믿음 함께 세워놓아
거슬린 맘 언약삼아 만리장성 이뤘다

꽃향기 나비 찾아 바람에 흩날리고
벌 나비 돌담너머 꽃 향 따라 드나들어
산비둘 서글피 울 제 들꽃 자취 감췄는가

들꽃 닮은 여인이여 어디 홀로 숨었는가
전등사 추녀 밑에 눈먼 애욕 아직 남아
사시절 나신裸身 비비며 더운 몸 씻고 있나

미움으로 바뀐 사랑 조각상에 원망 담아
미망迷妄으로 번진 번뇌 보전寶殿 지어 정화하네
도편수 다정다한多情多恨을 비목飛木 속 날렸는가

무명에 갇힌 세상 등불 들어 밝히고자
미로에 헤매는 삶 반야의 길 인도하네
법등法燈에 이 어둠 맡겨 전법상승傳法相承 하는가.

강화도 정족산(220m) 삼랑성 내에 위치한 **전등사**를 찾았습니다. 이 절은 고구려 소수림왕 11년(381)에 아도화상이 창건하여 진종사眞宗寺라 하였으나 고려 충렬왕 8년(1282), 원비元妃 정화궁주가 부처님께 등을 밝히는 옥등을 이 절에 시주한데서 전등사라 이름했다 합니다. 당시 정화궁주는 승려 인기를 시켜 송나라에서 대장경을 인쇄해 이 절에 보관시켰는데, 전등傳燈이란 '불법의 등불을 전한다'는 뜻으로 '법맥을 받아 잇고 있음'을 상징하고 있습니다.[5)]

정족산鼎足山은 마니산 줄기에서 뻗어내려 세 발 달린 가마솥을 엎어놓은 것과 닮았다 하여 붙여진 이름입니다. 이 산에 단군의 세 아들이 쌓았다는 삼랑산성의 동문을 지나면 1866년 병인양요 때 프랑스함대를 물리친 양헌수 장군 승전비가 눈에 들어오고, 나무그늘이 시원하게 드리운 길을 따라가다 보면 전등사로 들어설 수 있습니다.

안쪽에 불경을 넣고 손잡이로 돌리며 극락정토를 기원하면 불경을 읽은 것과 같은 공덕을 쌓고 소원을 이룰 수 있다는 윤장대 뒤로, 오랜 세파의 상처를 시멘트로 메운 수령 500년 넘는 은행나무 두 그루

5) 전등사 홈페이지 참고

가 힘겹게 서있었습니다. 이 은행나무는 다음과 같은 전설에 의해 꽃은 피어도 열매는 맺지 않는다고 합니다.

『조선 철종 때 조정에서는 불교탄압의 일환으로 전등사에 평소의 두 배인 20가마의 은행을 공납하라고 했다. 동자승으로부터 이 말을 들은 노스님은 크게 걱정하며 당시 도력이 높기로 소문난 백련사의 추송스님께 도움을 청했다.

며칠 후 추송스님이 전등사에 나타나자, 곧 '전등사 은행나무에서 열매가 두 배로 열리게 하는 기도회가 있을 것'이라는 소문이 퍼졌다. 관료를 비롯한 구경꾼들이 인산인해를 이루어 추송스님의 3일 기도회가 열렸는데, 기도회가 끝나는 날 추송스님은

"이제 두 그루의 은행나무에서 더 이상 은행이 열리지 않을 것이요"라고 했다.

그때 갑자기 하늘에 먹구름이 끼어 전등사를 덮더니 뇌성벽력이 치며 비가 무섭게 내렸다. 사람들은 두려움으로 일제히 엎드렸다. 얼마 후 사람들이 고개를 들었을 때, 추송스님과 노스님 심지어 동자승마저 모두 사라졌다. 사람들은 전등사를 구하려고 보살이 세 명의 스님으로 현신해 오신 것이라고 믿었다.

과연 그 말대로 그때부터 전등사 은행나무는 열매를 맺지 않았는데, 사람들은 수령 600년의 은행나무를 노승나무, 수령 500년의 은행나무는 동승나무라 불렀다.』 6)

전등사 경내로 들어서는 '바닷물을 마주보는 누각'이라는 뜻의 '대조루對潮樓'를 지나자, 독수리가 이제 막 날개를 펴는 듯한 모습의 대웅전이 눈에 들어왔습니다. 이 전각의 추녀 밑에는 지붕을 떠받치고 있는 나부상이 네 모서리에 있는데, 거기에는 다음과 같은 전설이 얽혀있습니다.

---

6) 전등사 홈페이지, 신 한국의 여로 5 서울근교, 한국일보사 참고

『조선 광해군 때 전등사 대웅전 중수에 참여한 도편수가 불사를 하던 중에 우연히 주막에 드나들다 주모와 눈이 맞아 사랑에 빠졌다. 불사를 마치면 그 여인과 결혼하기로 결심한 도편수는 그동안 정성껏 모아 두었던 돈을 모두 그 여인에게 맡겼으나, 공사가 끝나기 전 어느 날 여인은 마음이 변한 나머지 도편수의 돈을 가지고 다른 남자와 도망쳐버렸다.

이 사실을 알고 실의에 빠진 도편수는 한동안 공사를 진행하지 못하다가 마음을 고쳐 먹고 마침내 대웅전 불사를 마무리하며 대웅전 처마 네 귀퉁이에 그 여인이 벌거벗은 모습을 조각해 넣어 영원히 무거운 지붕을 떠받치도록 했다.』 7)

도편수의 여인에 대한 사랑은 미움으로 변하고 그 원망이 나부상裸婦像을 만들게 해 여인을 마음에서 지우려 했지만, 부처님을 모시는 전각을 짓는 동안 용서의 마음이 솟아올라 애증은 애틋한 동정이 되고, 결국 나부상은 여인을 위한 대속물이 되었을 것입니다.

전등사 삼성각의 좌측 길을 돌아 조선왕조실록 사고史庫를 뒤로한 채 산성의 성곽 산길로 접어들었습니다. 산길은 무성한 수풀에 덮여 터널을 이루고, 길섶에 이름을 알 수 없는 분홍빛의 앙증맞은 야생화가 눈길을 끌었습니다. 잠시 도편수의 마음이 되어 들꽃의 아름다움에 매료되어보았습니다.

산 아래로 멀리 확 트인 바다와 넓게 펼쳐진 푸른빛의 전답이 가슴을 펴보라 눈짓을 했습니다. 한동안 시원한 바람을 맞으며 시름을 잊고 고즈넉한 경관에 흠뻑 빠졌습니다.

---

7) 강화도 삼랑성 전등사 팸플릿 참고

기원祈願

서녘에 해 걸리니 그림자 길어질세
밝음도 엇비치면 그늘만 커지는데
한 길이 넘는 세월 수심 무릎 언제 굽힐까

원통전 품에 안고 손 모아 합장한 후
무릎 꿇고 두 손 짚어 머리를 조아리면
초저녁 내린 잔영殘影이 몇 곱이나 줄을까

머리맡 펼친 두 손 관음전에 맡기시고
간원 실은 할미보살 머리 들 줄 모르시네
내 받은 가피 무거워 머리 바닥 닿았나

빌고 또 비나이다, 관음전에 비나이다
아들 손자 앞둔 액난厄難 이 몸에 주시옵고
얽매인 근심 모두 걷어 자손 만복 내리소서

새끼 찾는 뻐꾹 소리 숲속에서 들려오고
어미 찾는 산비둘기 구구소리 구슬픈데
원통전 할미보살님 머리 언제 드실게요

사른 향 모락모락 전내殿內 곳곳 스며들고
관음 촛불 가슴 아파 눈물 뚝뚝 흘리는데
언제나 할미보살 닮은 맘 대신 보여주나니

은중경 독경소리 경내 가득 퍼지는데
전殿 밖에 낙락樂樂소리 바람결에 들리누나
속 타는 어미 심정을 들어줄 이 누구요.

산세가 수려한 경북 영천 팔공산 동북쪽 기슭에 위치한 **수도사**를 찾았습니다.

이 절은 신라 28대 진덕여왕(재위 647~654) 때 자장율사가 창건하였고 그 후 원효대사가 수도하던 곳이라 하여 절 이름을 수도사修道寺라 했다 합니다.

수도사는 절 마당에 세운 괘불로 잘 알려진 곳입니다. 괘불이란 불당 안이 좁아 법당 밖에서 큰 법회나 의식을 열 때 불당안의 불상을 옮길 수 없으므로 불상 대신 부처님의 모습을 그린 그림을 걸어놓는데 바로 그러한 탱화를 말합니다.

수도사의 괘불탱(노사나불괘불탱, 보물 제1271호)은 과거 햇빛처럼 비춘 수행공덕의 보답으로 부처가 된 원만보신노사나불을 그린 것으로, 폭 4.32m, 길이 8.36m의 크기이며 조선 숙종 30년(1704)에 제작된 것이라 합니다.

대구 하양버스터미널에서 버스를 타고 팔공산 관광의 명소 치산관광지에서 내렸습니다. 치산관광지는 울창한 숲과 폭포 등 자연 그대로의 청정함을 유지하는 치산계곡 일대를 관광지로 조성한 곳이어서 많은 사람이 즐겨 찾는 휴양지입니다.

치산 주차장에서 1km 정도 떨어진 수도사로 오르는 동안 맑은 계곡과 저수지 등 주변 경관이 마음을 빼앗습니다. 더위를 식혀가며 쉬엄쉬엄 걷다보니 어느덧 수도사에 닿을 수 있었습니다.

야트막한 산을 배경으로 코앞에 물소리가 들리는 곳에 위치한 이 절은 전각과 요사가 아담하게 한눈에 들어와 암자같이 편안해 보였습니다. 원통전 오른쪽 마당에 세워놓은 커다란 모조괘불이 이색적으로 눈길을 끌고 여느 절과 다른 풍경을 자아냈습니다. 관음보살상을 모신 원통전에는 한 할머니보살이 간절하게 기원을 드리고 있었는데 바로 내 어머니 같다는 생각이 들었습니다. 어머니들은 지금도 못난 자식들을 위해 노쇠하신 몸을 끌고 불당이나 교회를 찾아다니며 이렇게 간절한 마음으로 간구하실 것입니다.

경내 스피커를 타고 <부모은중경> 독경소리가 들리는데, 젊은 관광객들의 아랑곳하지 않는 희희낙락 소리도 함께 들렸습니다. 한 동안 할미보살의 뒷모습을 지켜보다가 팔공산의 절경이라는 치산폭포로 향했습니다.

계곡을 따라 오르며 물소리에 마음을 씻고 싶었지만 왠지 마음속에 남은 할머니보살의 잔영을 지울 수 없습니다. 멀리서 들리는 뻐꾸기와 산비둘기 소리가 오늘따라 유난히 심금을 울립니다.

소나무

텅 빈 하늘 무거워 등허리 굽으셨나
풍상고초 겪은 몸매 무정세월 걸치셨네
한숨 속 고뇌 많아 날밤 새운 새우잠에
등껍질 덕지덕지로 만년업장 덮고 있소

온몸 굽이굽이 하늘 소망 품었어도
햇살에 눈이 부셔 감으면 어질어질
일월성신 창공이 눌러 무겁기도 하거니와
팔 들어 고개 돌리다 등 굽은 줄 몰랐구려

통도사 가는 길에 사바세계 미련 남아
참던 욕망 꿈틀꿈틀 고개 비죽 내밀었지
망설임에 엉거주춤 이리저리 뒤틀리다
선남녀 거룩한 모습 합장하며 되돌렸소

세상사 살다 보니 괴로운 일 하도 많아
지난 세월 돌아보면 눈물이 얼룩얼룩
밤하늘 달을 보며 길 물어 길 찾다가
솔잎에 푸른 맘 품고 둥글둥글 살게 됐소

고부라진 몸이라도 장승 키 자랐다면
굽으면 굽은 대로 사는 길 있지 않소

한여름 그늘 주고 엄동설한 바람 막아
오솔길 다니는 길손 보듬어 주려하오

슬픔도 옛일이요, 고통 이제 잊었지요
졸졸졸 시내소리 사시사철 위로받고
옹달샘 퐁퐁 포르르 청정수 솟구치듯
시원한 아란나행을 절로절로 즐긴다오.

경남 양산 영축산(1059m) 남쪽 기슭에 위치한 **통도사**를 찾았습니다.

통도사는 신라 27대 선덕여왕 15년(646)에 자장율사가 당나라에서 불골佛骨, 치아불사리와 부처님 가사를 모셔와 창건했다고 합니다. 통도사는 불보사찰로 법보사찰인 합천 해인사, 승보사찰인 순천 송광사와 함께 한국불교를 대표하는 삼보사찰이며, 오대산 상원사, 사자산 법흥사, 태백산 정암사, 설악산 봉정암과 함께 우리나라 5대 적멸보궁이기도 합니다. 통도사는 대웅전 안에 불상을 모시지 않고 불단만 마련해 놓은 대신, 대웅전 밖 금강계단에 부처님의 진신사리를 모시고 있습니다.

영축산이 병풍처럼 두르고 있는 통도사는 우리나라 사찰 중 가장 많은 유형불교 문화재 43종을 보유하고 있다 합니다. 본래 영축산은 석가모니 부처님 당시 인도 마가다왕국의 왕사성(라즈기르)을 둘러싸고 있는 5개산 중 동쪽에 있는 '그라다꾸따'[8]라는 바위산으로 그 산의 정상이 독수리의 부리와 닮았고 신선과 독수리들이 많이 살고 있

8) 인도 100배 즐기기, 천명윤 김영남, 중앙M&B, 2004, 369쪽

다하여 붙여진 산 이름이라 합니다. 이 산에서 석가모니 부처님께서 법화경을 설하셨고, 하루는 연꽃 한 송이를 들어 대중에게 보이시며 아무 말씀도 안 하셨는데, 오직 가섭존자만 그 뜻을 알고 빙그레 웃으니 부처님께서 "내게 참다운 진리와 미묘한 깨달음이 있도다. 이제 그것을 가섭에게 전하노라"고 말씀하셨다는 '이심전심以心傳心'과 '염화미소'의 현장이기도 합니다.

신라시대 자장율사가 금성(경주)에서 멀지않은 이곳 영산을 영축산이라 하여 부처님의 법을 펼칠 적지로 선정하고 통도사라고 한 것은 이 산의 기운이 석가모니 부처님이 불법을 직접 설하신 인도 영축산과 통한다 하는 뜻과 함께 모든 진리를 회통會通하여 중생을 제도한다는 여러 의미가 담겨있다[9] 합니다. 통도사의 창건과 관련하여 다음과 같은 전설이 있습니다.

『옛날 자장율사가 중국 당나라에서 불법을 배우고 본국으로 돌아와 통도사를 지으려고 하던 즈음이었다. 그 당시 통도사 터에 큰 연못이 있었는데 이 못에는 아홉 마리의 용이 살고 있었다. 스님은 마음을 가다듬고 주문과 경을 읽으며 아홉 마리의 용에게 조용히 못을 떠나라고 하였으나 용들이 일체 응하지 않자, 법력으로 아홉 마리의 용과 결투를 벌이게 되었다. 이 싸움에서 견디지 못한 용들은 제각기 앞 다투어 달아나기 시작했는데, 세 마리의 용은 달아나다가 커다란 바위에 부딪쳐 죽었다.

이 바위는 통도사 입구 무풍교 근처에 있으며, 당시 부딪친 바위에 용의 피가 낭자하게 묻어 있어 후세사람들은 이 바위를 용혈암龍血巖이라고 불렀다. 또한 다섯 마리 용은 통도사의 남서쪽에 있는 영축산 아래의 골짜기에 이르러 떨어져 죽었는데, 그곳을 오룡골이라 불렀다. 뒷산 중턱에 있는 검붉은 색의 바위는 이 용들이 흘린 피가 묻어서 그렇게 된 것이라고 한다. 마지막 한 마리는 자장율사에게 통도사 터를 수호할 것을 맹세하므로 자장스님

9) 코리아 템플, 통도사 참고

이 조그마한 연못을 하나 만들어 살게 했는데, 그 못이 지금 통도사 대웅전 바로 옆에 있는 구룡지九龍池이며 타원형의 연못 위로 아담한 돌다리가 놓여 있다.』 10)

통도사 입구에 들어서자 1.5km 정도 이어진 울창한 아름드리 소나무 숲길이 맑게 흐르는 개울 옆으로 펼쳐져있습니다. 수백 년의 고난을 이겨온 듯, 소나무는 울퉁불퉁한 껍질을 덮어쓰고 하나같이 용트림하며 굽어 있어 모진 세월을 살아온 험한 삶이야기를 들려주는 듯했습니다. 물소리가 전하는 법문에 귀를 기울이는 듯 한결같이 개울 방향으로 굽은 소나무를 보면서 마음을 청정세계에 두고 살고 싶어 하는 선한 불자 모습이 떠올랐습니다. 또한 그늘로 뜨거운 햇살을 가리고 찬바람을 막아 포근하게 감싸는 소나무에서 자비공덕을 실천하는 불심을 보는 듯했습니다.

일주문과 천왕문 불이문을 지나 진신사리를 모신 금강계단 및 각종 전각을 돌아보며 불법을 통해 깨달음을 얻고자 하는 선조들의 거룩한 구도심도 함께 읽을 수 있었습니다.

10) koreatemple. net. 전통사찰, 통도사구룡지 참고

희방폭포를 보며

소백산 탐방로 물가에 자리하여
손 씻고 땀 식히기 나위 없이 편안하네
본향 길 찾는 나그네 둘이 만나 오붓하다

시내는 흘러흘러 바다 언제 도달하고
산 오르는 한 나그네 정상 언제 오를 건가
서로가 다른 길 방향, 물소리 한탄 크다

돌계단 돌고 돌아 고부라져 또 돌아도
그늘 찾아 만든 손길 산길마다 닿아있어
봉우리 향한 발걸음 한발 한발 이어지네

흰 구름 하강하여 폭포로 떨어지나
은빛 물결 하이얗게 부서져 보라 일고
공덕수 법성法聲 같아라 더위 씻어 시원하다

한여름 무더위는 폭포수가 식혀주나
마음에 이는 탐욕 넘실넘실 몰려드네
절벽에 아슬한 이끼 떨어질 줄 모르는가

계곡 메운 폭포소리 소백산 깨우시나
희방사 독경소리 물결 따라 녹아있어
나그네 가던 길 잃고 하안거에 드는구나.

경북 영주 소백산 연화봉 아래에 위치한 **희방사**喜方寺를 찾았습니다.

희방사는 신라 선덕여왕 12년(643년)에 두운杜雲대사가 창건했다고 합니다. 창건과 관련하여 다음과 같은 전설이 전합니다.

『두운대사가 소백산 연화봉 중턱 심원암에서 동굴을 집삼아 수행에 전념하고 있을 때였다. 어느 추운 겨울밤 갑자기 호랑이가 굴 안으로 뛰어 들어와 엎드리며 고통에 겨운 듯 고개를 좌우로 흔들어대는 것 아닌가? 의아하게 생각한 대사가 가만히 다가가 호랑이 입속을 살펴보니 목에는 비녀가 꽂혀 있었다. 사람을 해친 호랑이가 괘씸하기도 하고, 살려줄 경우 사람이나 동물이 호환을 당할 수 있다는 생각에 망설였지만, 이것도 다 인연인 듯싶은 측은한 생각이 들어 마침내 비녀를 뽑아 주었다.

그 일이 있은 뒤 며칠이 지나 굴 앞에 인기척이 있어 나가보니 웬 여인이 호랑이 옆에 정신을 잃고 쓰러져있었다. 대사는 여인을 굴 안으로 옮겨 정성껏 보살피자 정신이 들었다. 사연을 들어본즉 이 여인은 경주에 사는 호장戶長, 유석碩兪이라는 사람의 무남독녀로 혼인을 치르고 신방에 들려는데 갑자기 눈앞에 불이 번쩍한 뒤로 정신을 잃었다는 것이다. 대사는 며칠 전 살려준 호랑이가 은혜 갚기 위해 행한 일로 생각했다.

마침 산은 눈이 많이 쌓여 오갈 수 없었으므로, 대사는 동굴 안에 싸리나무로 칸막이를 하고 따로 지낸 뒤 눈이 녹자 여인을 경주 집까지 데려다주었다.

여인의 아버지는 실종된 딸이 살아온지라 기뻐하며 은혜를 갚기 위하여 대사가 거처했던 동굴 앞에 법당을 짓고 농토를 희사했다. 또한 계곡에 철로 만든 다리를 놓아 대사가 수행하는데 불편이 없도록 배려해주었다. 오늘날 사찰이 있는 행정구역 수철리水鐵里는 계류水를 쇠鐵다리로 건너다닌 마을이라는 뜻에서 유래되었고 희방사喜方寺의 사찰명은 '은혜를 갚게 되어 기쁘다'는 뜻의 '喜(기쁠 희)'와 두운대사의 '참선하는 장소'를 뜻하는 '方(모, 장소, 곳 방)'을 합한 의미라 한다.』 11)

---

11) 희방사 안내문(종무소) 참고

소백산 탐방로를 통하여 희방사에 올랐습니다. 한여름의 더위를 씻을 수 있도록 오솔길은 계곡을 따라 그늘로 덮여있고, 시원하게 흐르는 물로 땀을 식힐 수 있었습니다. 한동안 바위에 걸터앉아 “계류나 나나 길을 가는 나그네 아닌가?” 하는 생각이 들었습니다.

매표소에서 200여m 올라가자 소백산 영봉에서 발원하여 웅장한 물소리를 내며 떨어지는 ‘희방폭포’를 만날 수 있었습니다. 높이 28m에 이른다는 이 폭포는 하얀 물보라를 일으켜 주위를 서늘하게 하고, 땀에 젖은 나그네들을 오싹하게 했습니다. 넘실대며 떨어지는 강한 폭포수 물살 뒤로 언제부터 자랐는지 절벽에 파란 이끼가 붙어 있었습니다. 이 이끼를 보며 스님들이 일생을 번뇌단煩惱斷의 고통을 참으며 반야의 도를 찾음이 얼마나 험한 길인지 잠시간 헤아려 보았습니다.

그리고 무더위를 씻어주는 폭포수의 청량한 기운을 가슴에 담아 저 이끼보다 억척스러운 집착과 탐욕의 불길이 조금이라도 식혀지기를 기도했습니다.

수향水鄕

수평선 닿은 구름 생기를 불어넣어
너울파도 거센 숨결 홍련암 찾아드네
관세음 전심설법을 그 멀리서 듣고픈가

부서진 물결 모여 출렁이며 가는 길에
"백구白鷗야, 졸지마라" 뜬 바위에 찰랑찰랑
갈매기 태평하구나, 들어도 못 듣는다

맥박처럼 이는 물결 바닷가에 찰싹이고
가쁜 호흡 드센 파도 바람 따라 몰려드네
속계에 넘치는 번뇌 격랑 타고 흐르누나

거친 바다 잠을 재워 해인海印을 이루고파
해와 달 뜨고 질 제 수평선에 걸리련만
구름에 가린 일월궁日月宮 보일 듯 뵈지 않네

물결치는 바위섬이 갈매기 고향이듯
염부진閻浮塵 사바세계 이 내 몸 머무는 곳
파도에 마음 문 여니 되려 잠잠해지네

낙산사 해수관음 감로수병 품에 안고
온갖 번뇌 쌓인 중생 두 눈 가득 살피시네
해조음 찰싹 찰싸닥, 암벽 깨라 두드리나

샛강이 토해내는 물이란 물 모두 받아
늘고 줌 없는 바다 스스로 정화하네
흠없는 오묘한 세계 대신 펼쳐 보이는가.

강원도 양양 오봉산五峰山에 자리한 **낙산사**洛山寺를 찾았습니다.

낙산사는 신라 문무왕 11년(671)에 의상대사가 창건했다고 합니다. 이 절은 관음보살이 설법을 펴시며 머무신다는 인도의 남단 관음보살 성지인 보타락가寶陀洛伽 산에서 유래한 말로, 의상대사가 당나라에서 돌아와 관음보살의 진신眞身을 친견한 후 이곳 오봉산을 낙산이라 불렀다 합니다. 낙산사는 강화의 보문사, 남해의 보리암과 함께 우리나라 3대 관음성지로 알려진 곳입니다. 동해의 넘실대는 파도를 아래에 둔 아슬아슬한 절벽 위에는 의상대사가 이 절을 짓기 위해 산세를 살피고 좌선 수행했다는 의상대義湘臺가 있습니다. 정자에는 동해의 확 트인 경치에 심취한 듯 한여름의 더위를 잊은 한 무리의 사람들이 자리를 뜰 줄 몰랐고, 그 아래 산길을 따라 파도 한 길 위에 홍련암이 자리해있습니다.

설화에 의하면 관음보살을 친견하기 위해 멀리 서라벌(경주)에서 온 의상대사는 이곳에서 푸른 새靑鳥를 만났다고 합니다. 그 새가 석굴 속으로 들어가자 기이하게 여긴 대사는 굴 앞에서 밤낮으로 7일 동안 기도를 드리게 되는데, 기도를 마치자 바다 위에서 붉은 연꽃, 곧 홍련이 솟아오르고 그 위에 나타나신 관음보살을 보게 됩니다. 보살께서는 "이 자리 꼭대기에 대나무가 쌍雙으로 돋아날 것이다. 이곳에 불전을 짓는 것이 마땅하리라" 하므로 암자를 세워 홍련암紅蓮庵이라 하고 푸른 새가 사라진 굴을 관음굴이라 이름 했다는 것입니다.[12)]

낙산사 신선봉에 올라 해수관음보살을 참배했습니다. 전북 익산에서 가져온 화강암 700여 톤으로 만들었다는 관음상은 높이 16m, 둘레 3.3m, 좌대 넓이 6m의 크기로, 1972년에 착공해 5년 후인 1977년 조성했다 합니다. 거센 파도와 같은 사바세계에서 구원의 손길을 간절히 기다리며 살아가는 중생의 복락을 염원하는 듯 자비로운 얼굴의 관음상은 오른손에 감로수병을 들고 왼손은 설법의 수인을 하고 있었습니다. 당나라 종남산 지상사에서 중국 최고 화엄학자인 지엄으로부터 수학한 후 돌아와 신라에서 화엄사상을 펼친 의상대사를 기리며 찬양하는 <의상전교찬시義湘傳敎讚詩>를 의상기념관에서 보았습니다. <삼국유사>에 나오는 이 찬시는 일연스님이 쓰셨습니다.

彼榛跨海冒煙塵 (피진과해모연진)
숲 헤치고 바다 건너 연기와 티끌 무릅쓰고
至相門開接瑞珍 (지상문개접서진)
지상문이 열리사 보배 구슬 받았도다.
采采雜花我故國 (채채잡화아고국)
갖가지 꽃 캐어다가 고국에 심었으니
終南太佰一般春 (종남태백일반춘)
종남과 태백산이 한 빛의 봄일러라.

한동안 홍련암이 보이는 의상대에서 파도가 들려주는 옛이야기에 흠뻑 빠져보았습니다.

12) 낙산사 홈페이지 참고

귀향歸鄕

계룡산 정상 넘어 갑사로 향하는 길
완만한 고부랑길 굽이굽이 이어지고
신록에 얼비친 하늘 구름 걷혀 푸르다

정상에 오른 산객 내려올 줄 모두 알아
다툼 없이 차례차례 산 절경 만끽하네
속세에 입었던 허물 산에 오니 벗는가

오르막 내리막길 인생도 이와 같아
양지 음지 뒤바뀌며 세월맞이 여전한데
물소리 온산을 울려 야단법석 한창이다

골짜기 흐르는 물 바다에 이르려고
비탈 타고 미끄러져 물길 따라 여울지네
진계塵界에 매인 나그네 가는 길이 낯설다

돌 틈 사이 흐른 광음 기암괴석 비다듬고
한 몸 되어 내린 줄기 물보라 합창 이네
이끼 낀 저 용문바위 법문 듣다 졸았는가

계룡산 서편 기슭 서방정토 이루고자
아득한 세월 업고 수찰도량首刹道場 자리했네
전각殿閣에 즈린 기왓장 도심道心 안고 덮였다.

공주 계룡산 서쪽 기슭에 자리한 **갑사**를 찾았습니다.

갑사는 백제 제19대 구이신왕 원년(420) 고구려 승려 아도阿道가 창건한 사찰이며 화엄 10대 사찰 중 하나입니다.

전설에 의하면 아도화상阿道和尙이 신라 최초의 사찰인 선산에 도리사桃李寺를 창건하고 고구려로 돌아가는 길에 백제 땅 계룡산을 지나는데, 산중에서 상서로운 빛이 하늘까지 뻗어 올랐다 합니다. 이에 그 빛이 발현하는 곳을 찾아가보니, 지금의 계룡산 용문폭포 위 신흥암新興庵 뒤에 있는 탑 모양의 바위에서 빛이 발하여 사리가 발견되었기에, 그 바위를 천진보탑天眞寶塔이라 하고 그 탑 아래 배대拜臺에서 예배한 후 갑사를 창건했다 합니다. 옛날 아소카왕이 부처님의 법을 널리 펼치기 위하여 동서남북을 관장하는 4천왕四天王으로 하여금 48방향에 부처님 사리를 봉안토록 했는데, 이 천진보탑은 북쪽을 관장하는 다문천왕이 신통력으로 부처님 사리를 넣어 둔 곳이라 합니다.13)

계룡산 삼불봉 삼거리에서 금잔디고개, 용문폭포를 지나 갑사로 향했습니다. 산 정상에 오른 사람들은 잠시 비경秘境을 만끽하고 휴식을 취한 뒤 하산하여, 모두가 산에 오른 기쁨을 공유하는 듯했습니다. 이는 분명 한번 오른 정상을 지키기 위해 온갖 술수에 매진하는 세상과는 대비되는 모습이기도 했습니다. 갑사로 내려가는 길도 동학사에서 남매탑을 경유하여 오르던 길과 마찬가지로 고목이 그늘을 내리고 맑은 계류가 흘러 여전히 명산의 위용을 자랑하고 있었습니다.

갑사에서 전통찻집 옆의 다리를 건너자 공우탑功牛塔이 있었습니다. 설명문에 의하면 갑사에 속한 세 개의 암자, 즉 상사자암上獅子庵, 중사자암中獅子庵, 하사자암下獅子庵을 건립할 때, 짐을 실어주면 스스로 알아서 암자까지 필요한 물자를 운반하던 영리한 소가 있었는데, 이

13) 갑사 홈페이지 참고

소가 늙어서 냇물을 건너다 죽었다 합니다. 이에 승려들이 매장하고 소의 넋을 위로하기 위해 이 탑을 세웠다는 것입니다.

그러한 사연을 말해주듯 '쓰러진 탑을 일으켜 세우니 사람의 도리에 합치하네. 세 번을 수고하고 수고 했으니 그 공이 으뜸이다.臥搭起立, 人道偶合. 三兮乙乙, 厥功居甲.'라는 애잔한 글을 탑신에 담고 있었습니다.

갑사에는 임진왜란 때 승병장으로 호국을 위해 혼신을 다한 서산, 사명, 영규대사의 영정을 모신 표충원表忠院이 있어, 스님들의 국가관을 생각하게 했습니다. 풍전등화의 국가위기에서 목탁대신 병장기를 들고 홀연히 이곳 갑사에서 속세로 돌아와 스스로 산화한 영규대사와 승병들......, 그 스님들은 아이러니하게도 불교를 배척해 원증회고怨憎會苦의 고통을 안겨준 왕과 유학자를 위해 자신을 버리는 한편, 수행터인 강산과 부모형제를 지키기 위해 목숨을 바쳐야 했습니다.

따라서, 수사찰首寺刹 의미로서의 절 이름 갑사甲寺는 불법을 묵묵히 수행하고 실천하며 세속구제를 위해 헌신하는 도승에 대한 존경심에서 붙여진 찬사일 것입니다.

자유인自由人

구름이 그림 그리네,
산과 계곡
부처도 중생도,

하지만
그린 적 없다 하네, 구름은
모였다 흩어졌다
흩어졌다 모였다 되풀이할 뿐,
애초부터 그럴 뜻 없었다 하네
인연 따라 흐르고 흐를 뿐
그저 그림처럼 보였을 뿐,

당신이 심술부리네,
골도 내고
두려움에 떨기도 하고
웃고 울고,

하지만
심술부린 적 없다 하네, 당신은
생각이 지나는 대로
그 모습 보이고 보일 뿐
처음부터 그럴 뜻 없었다 하네

생각 따라 비추고 비출 뿐
그게 심술처럼 보였을 뿐,

당신은 구름,
바람 따라 흐르고
모였다 흩어지듯
오고 가는,

그 그림자 보며
여기저기 머물지 않고
마음껏 보고 즐기는, 나는 자유인

지리산 북쪽 기슭 평평한 들에 자리한 남원의 **실상사**를 찾았습니다.

실상사는 신라 흥덕왕 3년(828)에 당나라에서 유학하고 돌아온 홍척국사洪陟國師가 창건했다 합니다. 홍척국사는 가지산문의 개산조 도의국사와 함께 당나라 마조 도일선사의 제자인 서당 지장선사로부터 선맥禪脈을 이어 받습니다. 도의선사보다 5년 늦은 흥덕왕 원년(826)에 귀국한 홍척국사는 남악南嶽이라 일컫는 지리산 자락에 들어와 최초의 구산선문 선종 가람인 실상산문을 개창합니다. 당시 사람들은 도의국사와 홍척국사를 가리켜 '북산의 도의, 남악의 홍척北山義南嶽陟'이라 불렀다 합니다.

현재 국보 1점, 보물 11점, 지방 유형문화재 3점을 보유하고 있는 실상사에는 통일신라시대의 깨진 범종이 동국대학교 박물관에 보관되어 있고, 보광전에는 침허대사가 중창할 때 만든 것으로 보이는 강희

康熙 33년(1694)에 주조한 800근의 범종이 있다 합니다. 이 범종에는 우리나라 지도와 일본의 지도가 새겨져 있어 종을 치면 일본의 경거망동을 경고함과 동시에, 우리나라를 흥하게 한다는 구전口傳이 전한다고 합니다. 이 소문으로 일제 말기 주지스님이 문초당하기도 하고 종치는 것이 금지되기도 했는데, 지금도 범종에는 그 소문을 입증하듯 지도 일부가 그대로 남아있다 합니다.[14)]

실상사 입구의 만수천을 가로지르는 해탈교를 건너자 패랭이를 쓰고, 왕눈에 주먹코 모습을 한 석장승이 사찰로 향한 길목을 지키며 부정한 마음과 악귀를 쫓고 있었습니다. 넓은 들길로 100여 미터 들어서니, 허리 높이로 연잎을 키우고 하얀 연꽃을 듬성듬성 피운 연밭 뒤로 기와 담장에 둘러싸인 실상사가 눈에 들어왔습니다.

천왕문을 들어서자 경내 우측으로 실상사에서 출토된 옛 기와로 쌓은 갓 모양의 기와탑이 지난 세월을 노래하고 그 뒤로 범종각, 명부전, 통일신라시대 철조 약사여래불을 모신 약사전이 자리했으며, 경내 중앙 보광전에는 아미타부처님을 본존불로 베트남에서 모셔왔다는 관음보살과 대세지보살이 협시하고 있습니다. 보광전 앞마당에는 신라 석탑양식의 삼층석탑 2기와 석등이 지키고 있어 고찰의 고즈넉한 분위기를 풍기고 극락전 뜰에서는 무더위 속에서도 정적을 깨고 매미소리가 마치 염송처럼 들렸습니다.

지리산을 배경으로 두둥실 떠있는 흰 구름과 아기자기한 사찰전각과의 조화는, 더없이 편안하고 포근함에 빠져들게 했습니다.

---

14) 구산선문 최초가람 실상사 소책자 참고

홍교虹橋

무슨 사연 있어
무지개다리 놓았나
배는 오목, 등은 볼록
굳게 뻗은 팔 사이로
비 오듯 흐르는 땀방울 시내 되어
스멀스멀 흘러내리는구나

잡힐 듯 말 듯
떠오르는 그리움,
마실가던 할머니
치맛자락 붙잡고 따라나섰다
개울 앞에서 어부바,
징검다리 건네주던 굽은 등 닮았구나

그때 일 누군가 알아,
머뭇거리던 손자 녀석 미덥지 않아
징검다리 피해가라며
할머니 마음만큼
하나, 둘, 셋,
셀 수 없이 많은 돌 모아 홍교 놓았구나

한여름,

장맛비 물 불어
징검다리 물속에 잠긴다 해도
돌다리 든든,
안도하는 할머니 눈빛
무지개다리에 담겼구나

진흙 묻은 신발로
치마에 온통 흙 발라도
툭툭, 털고 손잡아 주던 사랑
홍교에 쌓였구나
어둑한 오늘 저물어도
이 사람 저 사람
할머니 손자처럼 무지개다리 건너는구나

여수 영취산 서북쪽에 위치한 **흥국사**를 찾았습니다.

이 절은 고려 명종 25년(1195)에 당시 타락한 불교를 비판하면서 정혜결사로 승가와 사회가 가야할 길을 제시한 보조국사 지눌知訥이 불교 본연의 자세로 돌아갈 것을 염원하며 세운 사찰이라 합니다. 사적기에 "이 절이 잘 되면 나라가 잘 되고, 나라가 잘 되면 이 절도 잘 될 것이다" 하여 비보裨補사찰로 알려진 흥국사는 조선시대 임진왜란과 정유재란 당시 승군이 주둔하고 훈련하여 호남지방 의병과 승병 항쟁의 중심 역할을 했다 합니다. 그러나 안타깝게도 선조 30년(1597) 정유재란 때 왜군에 의해 불타버리자 인조 2년(1624) 계특대사에 의해 중건됩니다.[15]

흥국사를 감싸고 있는 진달래의 명산, 산 이름 영취산은 석가모니 부처님이 법화경을 설법한 무대인 인도 영취산에서 따온 것으로, 영취산이란 명칭에서 보듯 흥국사는 나라를 지키는 호국경인 법화경을 중시했음을 알 수 있습니다.

흥국사의 창건과 관련하여 다음과 같은 전설이 있습니다.

『보조국사 지눌이 팔공산 거조사에서 불교개혁의 '권수정혜결사문'을 완결하고 지리산 상주무암에서 정혜결사 개혁을 시도하려 할 때, 대사 앞에 부처님이 나타나셔서

"뒤뜰로 가 보거라. 어린 생명이 죽어가고 있느니라. 그 생물이 가는 쪽에 너의 길이 있으리니 그곳에 가서 새 터전을 마련하고 네 꿈을 이루도록 하라." 하셨다.

대사가 대웅전 뒤뜰로 나가보니 과연 어린 까마귀 새끼 3마리가 상처 입은 채 우짖고 있었다. 극진히 간호해 주자 새끼들은 건강을 회복해 마침내 날갯짓을 했다. 대사는 까마귀 새끼 다리에 상주무암 주소를 적어 매달고 날려 보냈다.

한 달 후 연락이 왔다. 한 마리는 순천 선암사로 갔고, 또 한 마리는 해남 대흥사로 갔는데 한 마리의 소식은 알 길이 없었다.

그러던 어느 날 순천부 여수 영취산 자락에서 까마귀 한 마리가 사흘을 맴돌다가 떨어져 죽었다는 소식을 접했다. 대사는 그곳으로 가 보았다. 그곳은 영취산과 진례산이 에워싼 연꽃형 지형으로 절터로서는 명당이었다.

"까마귀가 사흘 동안 맴돌다가 죽을 정도로 기가 센 땅이로구나. 연꽃술이 마치 용의 귀와 같도다." 대사는 이곳 이름을 '삼일낙포三日落浦'라 이름 짓고 정혜결사의 본산인 흥국사를 창건하였다.』[16]

흥국사 주차장에 도착하자 영취산에서 흐르는 계류를 가로지르는

---

15) 흥국사 팸플릿, 설명문 참조
16) ysinew.com, 여수 흥국사 문화탐방, 김용필 2007.11.23

무지개다리 홍교虹橋가 반갑게 맞이하고 있습니다. 지금은 주 통행로가 계류를 끼고 새로 생겨 홍교를 이용할 일이 없어졌지만, 인조 17년(1639) 화강석으로 축조했다는 아치 모양의 이 다리(보물 563호)는 절을 찾아오는 모든 불자들에게 부처님의 가피를 안겨주는 행운의 다리로 자리매김을 하고 있다 합니다.

일주문을 지나니 부도밭이 있어 열반 후에도 변함없이 나라의 융성과 사찰중흥을 기원하는 고승들의 숨결이 느껴졌습니다. 영취교를 건너 일렬로 배치된 천왕문, 봉황루, 법왕문, 대웅전(보물 396호), 불조전, 팔상전을 보면서 대찰의 면모를 확인할 수 있었습니다.

대웅전 전면 좌우에는 적묵당, 심검당의 요사가 있고, 특이하게 명부전, 지장전으로 불리는 전각이 대웅전 오른쪽에 위치하여 무사전無私殿이라는 편액을 달고 있는데, 이는 사후에 받는 심판이 개인의 사정이나 사사로움에 의하지 않고 공정하게 인과응보에 의해 과보를 받는다는 의미를 함축하고 있다 합니다.

담쟁이와 줄사철나무가 감싸고 있는 담장을 돌아 팔상전의 좌측 길로 나가자 관음보살을 모신 원통전과 남해 용왕을 모신 용왕전을 만날 수 있었습니다. 돌아보는 곳마다 흥국과 복락을 간구하는 절절한 기원을 보는 듯했습니다.

매미

나무그늘 내려앉은 옛 길가 장승 있어
직지인심 견성성불 구도의 길 들려주네
오가는 발걸음 세워 진속眞俗 알려주는가

고목에 붙은 매미 염불삼매 빠져있어
천지 가득 법음法音 울려 오도송 들려주네
탈피로 깨우친 해탈 온몸으로 보이나

어둠에 묻힌 세월 일평생 구도하여
이슬로 정갈한 마음 보리성菩提聲 득했는가
도솔천 소리 들리니 마음 한켠 기쁘다

한여름 한 주 사는 짧은 삶 여한 없이
무명세계 벗어난 몸 가고픈 곳 오고가네
창공에 구름 걷히자 나위 없이 맑고 밝다

어린 나무 빗줄기에 하루 달리 자라나고
매미소리 듣다보니 어느 결에 고목 됐나
저 산사山寺 선음蟬吟에 취해 깨어날 줄 모르네

손끝에 실린 달도 길 몰라 달 못 찾고
맑은 해 보려 하나 너무 밝아 볼 수 없네
보고도 바로 못 보니 세상 집착 쌓인다

보이는 절간마다 천불千佛로 가득 한데
불성이 머물고 있는 그 마음자리 어디인가
매미도 다 벗은 껍질 제 눈 덮어 감감하네.

김천 황악산黃岳山 기슭에 자리한 **직지사**直指寺를 찾았습니다.

직지사는 신라 19대 눌지왕 2년(418)에 아도화상이 창건했다 합니다.

사찰명 직지사는 선불교의 종지宗旨인 '불립문자不立文字 직지인심直指人心 견성성불見性成佛' 곧, 문자에 의존하지 않고 사람의 마음을 바로 보고 그 본성을 깨치면 부처를 이룬다는 말에서 따온 것이나, 전설에 의하면 아도화상이 지금의 경북 구미에 도리사를 짓고 나서, 손을 들어 멀리 서쪽의 산 하나를 곧게 가리키며 "저 산 아래에도 좋은 절터가 있다"고 하여 지었기 때문이라고도 하고, 고려의 능여화상이 직지사를 중창할 때 자를 사용하지 않고 직접 손으로 측지測地하였기 때문에 붙여진 이름이라고도 합니다.[17]

직지사는 매표소 입구까지 새로 조성된 차도로 오를 수 있었으나, 뜨거운 햇살을 피할 수 없어 나무 그늘이 내린 옛길로 걷는 편이 더 좋았습니다.

옛길에는 콩, 나물, 약초, 과일 등 지역 특산물 몇 가지씩 길가에 늘어놓고 줄지어 앉아 판매하는 노점상이 있어 볼거리를 제공하는 한편, 옛날이나 오늘이나 한결같이 낯익은 모습으로 나그네를 맞는 장승이 있어 정감 있게 느껴졌습니다.

---

17) 직지사 홈페이지 참고

절 입구에는 공원까지 조성되어있어 방문객이 사찰을 찾아 휴식과 함께 마음의 평안과 위로를 얻을 수 있는 명소로 자리매김을 하고 있었습니다.

일주문을 앞두고 소나무와 고목들이 시원한 숲을 이룬 가운데 매미 소리가 들려 잠시 걸음을 멈추고 선음蟬吟에 취해 보았습니다. 6~7년을 땅속에서 굼벵이로 살다가 탈피를 한 후 성충이 되어 한 주 정도 살다 일생을 마친다는 매미!

중국 진晉나라 때 육운陸雲은 '한선부寒蟬賦'에서 매미는 머리 모양이 갓끈(더듬이)을 닮았으므로 글을 안다는 것이니 '문文'이 있고,

맑은 이슬만 먹고 사니 청빈하다는 것이므로 '청淸'이 있고,

사람 먹는 곡식은 손대지 않으니 염치가 있다는 것이므로 '염廉'이 있고,

굳이 집을 짓지 않고 나무그늘에서 살아 검소하다는 것이니 '검儉'이 있으며,

철에 맞추어 울고 절도를 지키니 신의가 있다는 것이므로 '신信'이 있다[18]고 하여 매미의 5덕德을 칭송했다 합니다. 그러나 내게는 이 매미가 오랜 기간 무명無明 속에서 도를 구하는 구도자처럼 느껴졌습니다.

오랜 역사기간 동안 민족과 애환을 같이하며 부처님의 지혜와 자비를 밝혀온 황악산黃岳山 직지사는 해동海東의 중심에 자리하여 '동국제일가람東國第一伽藍'이라는 칭호에 손색 됨이 없이 편안하고 아늑한 기운을 펼치고 있었습니다.

18) 지평선, 이광일 논설위원, 한국일보 참고

회상回想

한줄기 빛을 닮아 푸른 동산 가꾸고자
비바람 동요 없이 곧은 심지 한결 같네
등짐 진 늙은 소나무 등 굽은 줄 모른다

용 비늘 입은 장송 굽이쳐 하늘 올라
푸르른 기상 실어 호법룡護法龍 되었는가
은은한 소나무 향기 그늘 아래 그윽하다

선비나무 고개 늘려 표충사당表忠祠堂 바라보며
호국선사 회상하고 절하는 듯 헌화하네
전란戰亂에 휩싸인 강산 아비지옥 여기였지

바람 앞 등불 되어 국운이 나부낄 제
의연히 창을 들어 살생금의殺生禁衣 벗으셨지
환몽幻夢에 내몰린 아귀餓鬼 법력 아래 가뒀네

절망에 갇힌 백성 환한 빛 보이고자
무명無明 긴 밤 등불 되어 어둠을 밝히셨지
누문樓門 밖 저 선비나무 잘못 빌기 재배삼배

속세에 걸친 겉옷 남김없이 훌훌 벗어
드러난 알몸으로 목백일홍 불심 피네
천왕문 오르는 길에 붉은 마음 내보이나

표충사表忠寺 울 밖으로 대나무 숲 둘러앉아
노선사老禪師 빈 맘 닮아 한쪽 가슴 비우는가
사시절 늘 푸른 마음 청사靑史 길이 남기네.

경남 밀양 재약산載藥山에 위치한 **표충사**表忠寺를 찾았습니다.

표충사는 신라 무열왕 원년(654)에 원효대사가 창건하고 죽림사竹林寺라 했다 합니다. 원효대사가 지금의 극락암 자리에 작은 암자를 짓고 수도 정진 중일 때, 어느 날 아침 재약산 기슭을 보니 대밭에서 오색의 상서로운 구름이 떠오르더랍니다. 따라서 그 자리에 절을 세웠고 이후 흥덕왕 4년(829), 인도의 황면黃面선사가 석가여래 진신사리를 가져와 동쪽으로 수려한 강산을 찾던 중 이곳 재약산에 신록의 상서로운 오색구름이 있어 삼층석탑을 세우고 진신사리를 봉안했다 합니다. 당시 왕의 셋째왕자가 나병으로 영산의 약수를 두루 찾아다니다가 이곳 죽림사에 머물게 되는데, 황면선사가 드린 신비스러운 우물물 '영정약수靈井藥水'를 마시고 완쾌됨에 절 이름을 재약산 영정사靈井寺로 고쳐 부르게 됩니다.

지금의 표충사表忠寺란 명칭은 조선왕조 헌종 5년(1839), 임진왜란 때 구국을 위해 헌신한 서산西山, 사명四溟, 기허騎虛대사를 기리기 위해 밀양군 무안면 표충사表忠祠 사당에 있던 3대선사의 진영眞影과 위패를 옮겨 모시면서 부르게 되었다 합니다.[19]

표충사 길목에 들어서자 황룡이 꿈틀 거리며 하늘을 오르려는 듯 구불구불 치솟은 노송 숲이 장관을 이뤘습니다. 또 길 좌측에는 시냇

19) 표충사 설명문 참고

물이 흘러 사찰과 어울려 고즈넉한 분위기를 한껏 연출하고 있습니다.

특이하게 현판이 없는 일주문을 지나니 표충사表忠寺 수충루 앞에 500년 수령의 홰나무(선비나무)가 목을 길게 빼고, 누각 너머 사명, 서산, 기허대사의 영정을 모신 사당祠堂을 바라보며 전란의 노고를 회상하는 듯 연노랑 꽃을 뿌리며 헌화하고 있었습니다.

숭유억불崇儒抑佛 정책으로 유교사회에서 핍박을 받았지만, 대사들은 강산을 아비지옥으로 바꾼 '도요토미 히데요시'의 마라군魔羅軍을 몰아내기 위해 창을 들고, 왜군을 물리치는 데 모든 법력을 소진해야 했습니다. 입으로만 충忠을 외치고 당파싸움에 몰두해 백성의 안위를 등한시했던 가슴이 입에 달린 조선 유학자들의 몰염치가 부끄러운 듯 선비나무는 바람이 불때마다 몸을 떨며 꽃잎을 날렸습니다.

사당에서 세 분의 진영眞影을 뵙고 사천왕문을 향했습니다. 그 계단 양쪽에는 세속의 옷을 훌훌 벗어버린 채, 매끈한 몸매의 목백일홍이 대사들의 마음을 알리려는 듯, 발갛게 피어 나라를 향한 단심丹心을 보여주었습니다.

사당과 사찰이 공존하여 유교와 불교가 같이 하고 있는 사찰 경내 밖으로 죽림竹林이 늘어서 무더위 속에서도 스님들의 마음을 본받고 있습니다.

너는 누구인가?

퐁, 퐁,
무심결 뜬 물수제비
호수는 아파서 자지러지고
여울 못 참아 파르르
주름 잡힌 분기憤氣도 너울너울

불끈,
무심코 들은 한 마디
가시 찔린 상처 되어
잊으려도
노도怒濤 일어 걷잡을 수 없구나

씩씩,
분노가 폭풍을 불러
마음이 길을 잃누나
저 호수 어찌하여
물결 재우지 못하는가
난 어찌하여
솟는 화기 식히지 못하는가

아아,
차분하게 자욱한 물안개 뒤편에 숨어

측은한 눈길 보내며
담담하게 미소짓는 너, 누구인가
헛된 불길에 싸여 아우성치며 길길이 뛰는
넌, 또한 누구인가

차라리
눈 꼭 감고 아무것도 보지 않으리
호수도 상처도 노도도 화기도
모두 다 잊으리
캄캄한 곳에서 태양이 떠오르면
밝은 빛 머금고
새마음 맡기리!

전남 여수 돌산도 금오산(323m)에 위치한 남해 **향일암**向日庵을 찾았습니다.

향일암은 신라 선덕여왕 8년(659)에 원효대사가 창건하여 원통암이라 하였으나, 고려 광종 9년(958), 윤필대사가 산의 형상이 마치 거북이가 경전을 등에 지고 용궁으로 들어가는 모습을 옮겨 놓은 듯 하다하여 금오암金鰲庵으로 부르다가, 조선 숙종 41년(1715)에 인묵대사가 남해의 수평선에서 솟아오르는 해돋이 광경이 아름다워 향일암向日庵으로 개칭했다 합니다.[20]

낙산사의 홍련암, 남해 금산 보리암, 강화도 보문사와 함께 한국의 4대 관음기도도량의 하나인 향일암은 임진왜란 당시 충무공 이순신

20) 여수시청 문화관광 향일암 참고

장군을 도와 왜적과 싸웠던 승려들의 근거지이기도 하며, 해안가 절벽위에 건립되어 기암절벽 사이의 울창한 동백나무와 잘 조화된 해맞이 관광의 명소이기도 합니다.

전각으로는 대웅전, 관음전, 삼성각 및 스님의 거처인 요사가 있습니다. 산세가 험하여 출입이 금지된 대웅전 뒤쪽 절벽 위에는 경전을 펼쳐놓은 것 같은 큰 바위인 '경전바위'가 있는데, 전설에 의하면 옛날 원효대사가 수도를 끝내고 향일암을 떠날 때 경전이 많아 다 가져갈 수 없어 도력으로 공중에 날려 보낸 것이 멀리 가지 못하고 떨어져 바위로 변한 것이라 합니다. 흔들바위라고도 하는 이 바위를 한 번 흔들면 경전 한 권 읽은 것과 같은 공덕이 있다고도 합니다.[21]

남해 임포항에 포근하게 정박해 있는 통선通船과 어선들을 잠시 내려다본 뒤 금오산 비탈길을 올라 향일암으로 향했습니다. 매표소를 지나 일주문으로 오르는 계단은 극락을 향한 길인 듯 가파르게 하늘로 이어지고 오를수록 남해의 절경이 한눈에 들어왔습니다. 다만 다도해의 수평선을 붉게 물들이며 떠오르는 둥근 해를 볼 수 없음이 아쉬웠습니다.

일주문은 남해 용왕의 호법수호의 명을 받은 쌍용을 옮겨놓은 듯, 두 마리의 석룡石龍이 눈을 번득이며 문을 지키고, 그 뒤로 계단이 힘들게 이어져 암자를 찾는 불자의 신심을 시험하는 듯했습니다.

바위 틈 샛길을 지나자 석가모니 부처님을 중심으로 좌우에 지장보살과 관음보살이 협시한 대웅전을 비롯한 관음전, 삼신각 등 전각이 좁은 공간에 오밀조밀 자리하고 있어, 향일암을 조화롭게 가꿔나간 지혜의 한 단면을 보는 듯 했습니다.

전각에서 망망대해를 관조하니 출렁이는 파도는 살아있는 듯 생동

---

21) 향일암 홈페이지 참고

감 있게 움직여, 마치 사소한 자극이나 감정에도 민감하게 반응해 노도에 휩싸이는 나의 마음과 같이 느껴졌습니다.

바다 안개가 가시지 않아 선명한 다도해의 절경을 눈에 담지는 못하지만, 훈훈한 기운이 넘치고 시원한 바람이 스치는 향일암에서 자연과 하나가 됨으로써 스스로의 상심을 지울 수 있었습니다.

불국佛國에 가려거든

불국에 가려거든 실컷 울어보시구려
목마른 대지가 애달파
구름 뒤에서 목이 멘 천둥처럼
내게 사랑 없음 부끄러워
양어깨 들썩들썩,
그러다 보면 그대 있어 나 있음 알아
눈물이 구름 되어
청운교로 인도하리라

불국에 가려거든 흠뻑 젖어보시구려
농부가 밭 갈며 내는 숨소리
가을 되어 들녘 물들이듯
내게 뜨거운 가슴 있음 자랑스러워
두 주먹 불끈불끈,
그러다 보면 나 그대 위해
조금씩 세상 가꾸며
백운교로 옮겨가리라

불국에 가려거든 맘껏 웃어보시구려
밤새 산속 헤매다가
여명에 길 찾아 어미 만난 아이처럼
내게 해맑은 미소 있어

자연스레 씽긋씽긋,
그러다 보면 그대 기쁨 내 기쁨임 알아
부용화 만발한 행복에 겨워
연화교 칠보교 건너 극락에 오르리라

불국에 가려거든 항상 감사하시구려
비가 오나 눈이 오나
돌고 도는 자연 속
그대와 만난 인연이 고마워
하늘 우러러 끄덕끄덕,
그러다 보면 나 그대와 하나 되어
천년이 가도 돌계단처럼
불국을 떠받치리라

경주 토함산(745m) 기슭에 위치한 **불국사**를 찾았습니다.

불국사는 1995년 유네스코 세계문화유산 목록에 등재된 한국 불교 예술을 대표하는 사찰입니다. 신라 법흥왕 15년(528)에 법흥왕의 어머니인 영제부인의 발원으로 창건되어, 584년에 진흥왕의 어머니인 지소부인이 중건하였고 경덕왕 10년(751) 재상이었던 김대성에 의해 오늘과 같은 모습으로 개창되었다 합니다. 삼국유사에 따르면 김대성이 전생의 부모를 위하여 석굴암을, 현생의 부모를 위하여 불국사를 창건하였는데 김대성이 이 공사를 완성하지 못하고 사망하자 국가에 의해 완공되었으며, 완공까지 걸린 기간이 30여 년이라 합니다.[22]

22) 불국사 홈페이지참고

<삼국유사>의 창건설화는 다음과 같습니다.

『신라 31대 신문왕 2년 모량리라는 곳에 경조慶祖라는 가난한 여자가 살았다. 그녀에게는 아들이 하나 있는데, 머리가 크고 이마가 평평하여 마치 성城과 같았으므로 이름을 대성大城이라 하였다. 생활이 궁핍한 대성은 복안福安이라는 사람에게 가서 일을 해주고 약간의 밭을 얻었다. 어느 날 흥륜사에서 고승高僧 점개漸開가 와서 복안으로부터 보시布施로 포목 50필을 얻고 복안에게 축원을 했다. 그 축원을 들은 대성은 감동하여 어머니와 상의해 복안으로부터 얻은 밭을 송두리째 보시하였다. 그 후 대성은 갑자기 죽었다. 대성이 죽던 날 밤, 정승 김문량金文亮의 집에 '모량리 대성이란 아이가 네 집에 태어날 것이다' 하는 하늘의 외침을 들었다. 김문량의 부인은 곧 임신하여 아들을 낳았는데 그 아이는 왼손을 쥐고는 펴지 않다가 7일 만에 폈다. 손에는 '대성'이라는 두 자를 새긴 금간자金竿子가 있어 대성이라 이름 지었고 그 어머니를 모시고와 함께 봉양했다. 대성이 자라며 사냥을 좋아해 하루는 토함산에 올라 곰 한 마리를 잡고 산 아랫마을에서 잠을 자는데, 꿈에 곰이 귀신으로 변하더니 "네가 어찌하여 나를 죽였느냐? 내가 너를 잡아먹으리라" 하는 것이었다. 놀란 대성이 두려워하며 용서를 빌자 귀신은 "네가 나를 위해 절을 세워줄 수 있겠느냐?" 하고 물었다. 대성은 "그리 하겠노라" 맹세한 후 꿈에서 깨어났다. 대성이 일어난 자리는 흥건히 땀이 흘러있었다. 이로부터 대성은 사냥을 금하고 곰을 잡은 자리에 장수사長壽寺를 세웠다. 이후 그는 자비의 원력이 더 깊어졌고 효성을 다했으며, 현세現世의 부모를 위해 불국사를 세우고 전세前世의 어머니를 위해 석불사(석굴암)를 세웠다.』[23]

불교인들이 동경하는 천상의 세계, 불국佛國은 과연 어디에 있으며 어떠한 모습일까요?

그 해답은 불국사에서 찾아볼 수 있습니다. 불국은 우주의 중심인

---

23) 한국학 삼국유사 신강 下, 강무학 역 배재서관, 1990,
신한국의 여로 2 경주, 한국일보사, 1989 참고

수미산에 자리하고 있어 산기슭과 중턱과 정상에 있는 3개의 산문山門을 지나야 들어설 수 있다고 합니다.

따라서 사찰 경계를 알리는 첫 번째 산문인 일주문은 수미산으로 들어가는 입구가 됩니다. 번뇌의 마음을 가다듬어 불법을 향한 일심一心으로 일주문을 통과해 수미산 중턱에 이르면 악귀의 진입을 막고 불법수호를 위해 사천왕이 지키는 두 번째 산문인 사천왕문을 지나게 됩니다. 수미산 동쪽에는 지국천왕이 있어 나라와 백성을 편하게 하기위해 칼을 들고 동방을 지키고, 남쪽을 지키는 증장천왕은 용과 여의주를 들고 조화로 만물을 소생시키며 다스린다 합니다. 서방에는 광목천왕이 눈을 부릅뜨고 한손에 보탑을 또 한손에 삼지창을 들고 죄 있는 중생에게 두려움을 느끼게 함으로써 중생에게 불심이 일어나도록 이끌고, 북방을 지키는 다문천왕은 부처님 설법을 많이 들었다 하는데, 비파를 들고 어둠속에서 방황하는 중생을 소리로 인도한다 합니다. 이렇게 사천왕문을 통과하면 제석천왕帝釋天王이 다스리는 도리천이 있고 도리천을 오르면 세 번째 산문인 불이문 또는 해탈문이 있어 이 문을 지나야 비로소 부처님의 세계에 들어설 수 있습니다.

피안彼岸의 세계인 불국정토로 가기 위해서는 부처님이 인도하는 반야 용선을 타고 사바세계인 차안此岸에서 거친 파도의 호수를 건너는 것으로 묘사되기도 하는데 그래서일까? 불국사에는 창건당시 극락, 즉 연화장세계를 의미하는 구품연지九品蓮池라는 큰 연못이 지금의 범영루 앞 광장에 있어서 배를 타고 건넌 뒤 청운교와 백운교의 33계단 또는 연화교와 칠보교의 18계단을 올라 불국에 들어갈 수 있었다 합니다. 청운교와 백운교 위로 자하문이 있는데 자하문은 깨우쳐 반야를 이룬 수행자가 불국으로 들어가는 불이문이 되고 연화교와 칠보교 넘어 있는 안양문安養門은 재가불자가 자비의 공덕을 쌓아 부처님의 도움으로 극락에 들어가는 문입니다. 불국사의 연화교와 칠보교의 계단은 청운교와 백운교 계단의 절반정도로 되어있어 자비공덕에 의한 극락길이 깨달음에 의한 수행길보다 더 의미 있고 극락에 들어서기 가까움을 알려주고 있습니다.

도리천 33천을 상징하는 33계단의 청운교와 백운교 끝에는 불국의 관문인 자하문이 있어 부처님의 자금신광紫金身光이 안개로 항상 서려 있는데, 자하문을 지나면 대웅전 앞에 석가탑과 다보탑이 있는 법화경의 세계가 펼쳐집니다. 법화경에 의하면 석가여래가 영취산에서 설법을 하는데 그 뜻을 대중이 알아듣지 못하자, 칠보의 탑이 땅에서 솟아올랐고 탑 속에서 다보여래가 나타나 석가여래의 설법을 찬양하며 그 참됨을 설명했다 합니다. 따라서 석가탑은 석가여래 상주설법常住說法의 탑이며 다보탑은 다보여래 상주증명常住證明의 탑이 됩니다.

다보탑과 석가탑은 백제의 석공 아사달이 만들었다 하는데 다음과 같은 전설이 있다 합니다.[24]

『백제의 조탑공 아사달阿斯達이 다보탑을 완성하고 석가탑을 만드는데 온 힘을 쏟고 있을 즈음, 고향에서 남편을 기다리던 그의 아내 아사녀阿斯女가 기다림에 지쳐 낭군을 찾아 불국사에 왔다. 아사녀를 본 주지스님은 아사달이 그녀를 만나면 탑을 만드는데 지장이 있을 것 같아 탑이 완성될 때까지 영지影池에서 기다려 달라고 부탁했다. 스님은 탑이 완성되면 그 그림자가 영지에 비칠 것이라 일러주었다. 날마다 영지에 나가 연못 속에 탑 그림자가 비치길 기다리던 아사녀는 어느 날 밤 밝은 달빛을 받으며 기묘한 모습으로 흰 탑이 연못 속에 서 있는 것을 보았다. 기다림과 그리움에 지쳐있던 아사녀는 그만 물속의 탑을 껴안으려 연못으로 달려갔다가 허우적거리며 물속에 잠겨버렸다. 이윽고 석가탑을 완성한 아사달은 사랑하는 아내가 멀리서 찾아왔다는 말을 듣고 단숨에 영지로 달려갔으나 그의 아내는 이미 죽은 지 오래였다. 넋을 잃은 아사달은 물빛을 응시하다가 갑자기 아내의 이름을 부르

---

24) 신한국의 여로 2 경주 참고

며 물속으로 뛰어들었다. 이제는 영원히 헤어지지 않겠다는 마음으로 아사달은 아사녀를 따라간 것이다. 그래서 영지에 그림자가 비쳤던 다보탑은 유영탑有影塔이라하고 그 그림자가 비치지 않았던 석가탑은 무영탑無影塔이라 부르게 되었다.』

신라인의 염원을 담아 조성한 불국사에서 화신불인 석가모니 부처님을 모신 법화경의 세계와 법신불인 비로자나 부처님을 모신 화엄경의 세계, 그리고 극락정토를 주재하는 아미타 부처님을 모신 무량수경의 세계가 절묘하게 펼쳐진 불국토를 느낄 수 있었습니다.

신라인의 이상과 전설과 역사를 간직한 불국사는 돌아보면 볼수록 더 깊은 불교의 신심에 빠지게 했습니다.

석불石佛

토함산 서린 안개 하이얗게 피어올라
찾아가는 석불여래 안본 듯 보라하네
우수에 잠긴 마음 구름처럼 흐르는데
임 본들 그늘에 가려 본 줄이나 알겠소

숲속에 내린 안개 부처신광 기다렸나
산 오르자 해 머금어 슬며시 자리 뜨네
가리던 청산 곳곳 눈 아래 드러나고
점점이 스쳐가는 길 마음속에 담았소

천년이 지나도록 한결같은 불자 행렬
세월 흐름 간 곳 없이 찾는 발길 이어지네
간절한 구법求法 염원 산정山頂인들 마다할까
고뇌 찬 저 산 나그네 마음 풀 곳 어디인가

석굴암 여래석불 실눈 뜨고 좌선 들어
고요 속 해인삼매海印三昧 여여如如하게 잠겨있네
선남선녀 석불전에 다소곳 합장하자
불안佛顔에 가득한 미소 미묘하게 흐른다

꿈인가 생시인가, 솜씨도 참 고와라
돌아서면 잊힐세라 눈에 가득 새겨보고

털퍼덕 주저앉아 넋 놓고 바라보네
석불에 매인 이 마음 생불 보면 어떠할까

서원誓願 세운 바위덩이 다듬어 부처 되니
석불 빚은 석수의 불심 전율로 다가오네
신심 깊은 무명 석공 어디로 떠나갔나
석수는 오간 데 없고 부처님만 계시네.

경주 **석굴암**을 찾았습니다.

토함산(745m) 정상 동쪽 아래에 위치한 석굴암은 신라 경덕왕 10년(751) 당시 재상인 김대성에 의해 창건되었다 합니다. 삼국유사에 김대성이 전세前世의 부모를 위해 건립했다는 석굴암은 당시 석불사로 불렸으며, 신라예술의 극치이자 동양 불교미술의 대표적 작품으로 평가되어 1995년 유네스코 세계문화유산 목록에 등록된 우리의 자랑스러운 문화유산입니다.[25)]

구름과 안개를 '뱉고吐' '머금는다含'는 뜻의 토함산吐含山에 오르니 마침 안개가 자욱하여 산 이름을 실감할 수 있었습니다. 주차장에서 편안하게 숲길을 따라 구불구불 돌아 석굴암에 닿았습니다. 숲길 아래로 펼쳐지는 절경은 안개로 볼 수 없어 아쉬웠지만, 짙은 숲과 계곡이 주는 아름다움을 상상으로 그려볼 수 있었습니다.

석굴암은 돔 형식의 석굴에 사찰을 압축해 놓은 것 같이 조화롭게 조각물을 배치해놓았는데, 석굴 전실에는 팔부신중상이 자리하고, 그

25) 석굴암 안내문 참고

뒤 주실主室로 이어지는 통로에는 인왕상이 입구를, 통로는 사천왕상이 지키고 있으며 주실에는 중앙에 본존불이 계시고 그 주위를 천부상, 보살상, 십대제자상, 십일면관음보살이 감싸고 있습니다.

팔부신중은 본래 악귀였으나 부처님의 교화로 불법을 수호하게 되었다는 여덟 신장神將을 말하며 이에는 '가루라, 마후라가, 천계에 거주하는 제신諸神, 건달바, 아수라, 긴나라, 야차, 용'이 있습니다. 금강역사는 통로 입구 양면을 지키고 있는데, 주로 사문寺門이나 수미단須彌壇에 안치되는 불법 수호신입니다.[26] 한편 통로를 지키는 사천왕은 수미산 중턱을 지키는 천신으로 동방을 지키는 지국천왕, 서방 광목천왕, 남방 증장천왕, 북방 다문천왕을 말합니다. 사천왕은 아래로 팔부신중을 다스리고 위로는 제석천을 섬기며 불법에 귀의한 중생을 수호하는 것으로 알려져 있습니다.

석굴 안으로 들어가 조각물들을 접하며 깊이 음미할 수는 없었지만 전실 밖 유리벽을 통해서도 조각물들의 아름다움을 감상할 수 있었습니다. 그중 마치 살아있는 듯 눈을 갸름하게 뜨고 선정에 들어있는 '본존불'을 보는 순간, 너무나 완벽한 모습에 그만 가슴이 설레어 숨조차 쉴 수 없었습니다. 아마도 부처님의 가피가 아니면 이와 같은 석불을 조각할 수 없었을 것이고 이 조각품을 완성한 석공은 그 순간 부처가 되었을 것입니다.

그러기에 석굴암이 완성 된지 1300년이 지난 지금까지도 석불을 찾는 불자의 행렬이 끊이지 않고 이어지고, 석불에 감명 받은 불자들이 석굴암을 돌아보고 나서도 몇 번이고 다시 들어가 석불을 눈에 담고 나오는 것이 아니겠습니까? 석굴암을 돌아보며 우리 조상들의 평화를 사랑하고 기원하는 소박한 꿈의 세계와 혼의 예술을 엿볼 수 있었습니다.

---

26) 신한국의 여로 2 경주 참고

제 3 부

▲ 청양 칠갑산 '장곡사'

산에 온통 물이 듭니다

나뭇잎은 산을 가꾸고
나무를 살리며
열매 맺기 위해
이 땅에 온 것입니다

자신의 역할 다하고 스러지는
나뭇잎이 있던 그 자리,
이빨 빠진 잇몸처럼
휑해지지만

노을 품으며
마지막 순간까지 장엄하는
나뭇잎은
차라리 눈물겹도록 아름다운
종교입니다.

가을 문턱

봄철에 뿌린 씨앗 정성 다해 가꿨더니
천지기운 가피 더해 하루달리 낫자랐네
큰 사랑 덧입은 전답
가을 문턱 넘어섰다

철 따른 비와 이슬 만물 갈증 풀어주고
해와 달 밤낮으로 포근하게 감싸시니
천은天恩이 안겨준 열매
황금들녘 펼친다

자연은 한 철 한 철 서있는 듯 변하건만
길 물어 길 가는 자 지금 어디 서성이나
풋벼들 배동바지 넘겨
숙인 고개 부럽구나

드맑은 산들바람 구슬땀 식혀주고
때맞춘 오곡백과 가을노래 부르는데
길 찾는 나그네 홀로
논두길을 거니네.

경남 고성 연화산 기슭에 자리 튼 고찰 **옥천사**玉泉寺를 찾았습니다.

옥천사는 당唐나라에 유학하여 지엄으로부터 화엄학을 공부하고 돌아온 의상대사가 신라 문무왕 16년(676)에 창건했다 합니다. 창건 당시는 화엄 10사찰 중 하나였고 절 이름은 대웅전 옆 옥천각에서 솟는 '옥같이 매우 맑은 샘, 옥천玉泉'에서 유래한 것이라 합니다. 그 뒤 여러 차례 중창을 거쳤고 조선 선조25년(1592) 임진왜란이 일어나자 승군을 조직하여 왜군과 싸웠으며 정유재란(1597) 때 왜군들에 의해 불태워집니다.

그 뒤 폐허가 된 절터에 잡초만 무성히 자라다가 인조 17년(1640)에 학명대사가 이 근처를 지나며 인근 대둔 마을에서 하룻밤을 유숙하는데, 그날 꿈에 신인神人이 나타나 학명대사를 웅장한 가람터로 인도하더랍니다. 이튿날 꿈을 더듬어 그곳을 찾아보니 과연 꿈에서 본대로 큰 가람 터가 있는지라, 도반인 의오대사와 함께 동상당東上堂을 짓고 연화산 옥천사라 이름했으며, 조선후기 1700년대에 들어 호국사찰로 조정의 지원을 받아 대규모로 중창되었다 합니다. 옥천사는 해방이후 불교정화운동의 기수인 청담스님이 출가한 사찰이기도 합니다.[1)]

천왕문 뒤 전나무 사이 길을 지나 계단을 올라서니, 넓은 마당 전면에 영조 40년(1764)에 초창 되었다는 자방루滋芳樓가 웅장한 자태를 드러냈습니다. 자방滋芳이란 '꽃향기가 무성하다'는 의미로 '불법이 만발함'을 뜻하며 설법 또는 법회용구를 보관하던 장소입니다. 마당 오른쪽에는 청담스님과의 깊은 연고를 말해주듯 청담스님 사리탑과 탑비가 자리했습니다. 청담스님이 열반하여 삼각산 도선사에서 다비하니 오색찬란한 사리 15과가 나와, 사찰 3곳 즉 출가본산인 옥천사

---

1) 옥천사 홈페이지 참고

와 6·25 때 수행정진 하신 문수암, 노년에 주석하시던 도선사에 사리탑과 탑비를 세우고 나눠 모셨다 합니다.

자방루 옆 산문山門인 해탈문을 들어서자 아미타 삼존불을 모신 대웅전이 있고, 절마당 좌우로 '말없이 고요히 명상에 잠겨 진리를 찾고 있음'을 뜻하는 스님의 수행처인 적묵당寂默堂과 탐진당探眞堂이 있습니다. 대웅전 뒤로는 팔상전, 명부전, 나한전, 산령각, 독성각, 칠성각, 조사전 등 전각과 옥천사의 유래가 된 샘물 옥천玉泉이 옥천각 안에 맑은 옥수를 채우고 목마른 사람을 기다리고 있습니다. 이 옥천은 아무리 가물어도 마르지 않는 샘으로 물은 수평일 때 동쪽에서 서쪽으로 흐르지만 이 옥천은 서쪽에서 솟아 동쪽으로 흐르고, 예로부터 병을 고치는 감로수甘露水로도 유명해 한국의 100대 명수名水에 올라있다 합니다.

오가는 길에 부처보살들을 만났습니다. 그들은 옥천사로 향하는 길을 친절하게 안내해준 경찰과 옥천사에서 만난 밝은 미소의 불자와 버스터미널까지 낯모르는 나그네에게 승용차를 태워준 신심 깊은 젊은 부부였습니다.

옥천사 입구에 넓게 펼쳐진 황금벌판이 가을을 맞아 합장하느라 여념이 없었습니다.

밤송이

봄기운 가득 담아 얼은 몸 녹였기에
빙화氷花로 핀 고드름 밤느정이 되었는가
바람에 날리는 꽃술 향기마저 야릇하다

나무는 우람한데 꽃이라야 강아지풀,
벌 나비 조롱하며 밤꽃 주위 맴돌았지
마음에 상처 입었나, 꽃 진자리 가시섰네

보송하던 여린 가시 비바람에 더 굳어져
부드러운 햇귀마저 마다하며 물리치나
뾰족이 날선 밤송이 마음 열 줄 모르네

햇살이 위로하고 산들바람 낯 간질여
가시 속에 담긴 마음 살포시 열어보네
고뇌로 피워낸 향기 알밤 속 머금었다

알밤 감싼 갈색 껍질 경계심警戒心 배어있어
가시는 벗었어도 금강갑옷 무장했네
불심 밴 그 하얀 속살 언제 보여주려나

마음 문 열었어도 드리운 의심 많아
뒤덮인 두려움에 참모습 알 수 없네
깨우쳐 온몸 터져야 반야 보여 주실까

천은天恩에 몸 맡기고 고난 우린 마음 열 제
가피 입은 인연 따라 생살 갈라 움트는 싹
개심사開心寺 일주문 옆에 밤나무 곱게 자랐네

마음의 날을 세워 스스로 돌아보면
너와 나 가른 세계 장벽 세워 가로 막고
반야로 조화 이루니 극락세계 열리는가

서산시 운산면 가야산 줄기인 상왕산(307m)에 자리한 **개심사**開心寺를 찾았습니다.

개심사는 백제 의자왕 14년(654)에 혜감국사慧鑑國師가 창건했다 합니다. 개심사는 비록 수덕사의 말사이기는 하나 공주의 갑사, 마곡사, 예산의 수덕사와 함께 충남의 4대 사찰[2]로 이름이 오를 만큼 오랜 역사와 자연미, 아기자기한 분위기를 갖춘 사찰입니다.

일주문 가까이 결실의 계절을 알리는 밤나무가 그동안 가시로 감쌌던 밤송이를 살짝 열고 궁금했던 세상을 이리 저리 살피고 있습니다. 꽃 모양에서부터 향기까지 특이한 모습을 보이던 밤나무가 개심사 일주문을 오가며 합장하는 선한불자의 겸허한 몸가짐을 보고 서서히 가시 덮인 마음을 열고 있나 봅니다.

자연석으로 쌓은 돌계단이 개심사로 오르는 숲길 입구에서부터 이어져 연못 '경지'와 맞닿아 있었습니다. 풍수상 상왕산象王山이 산 이름처럼 코끼리 형국이라 코끼리의 갈증을 풀어주기 위해 만들었다는, 자신을 돌아보는 거울처럼 맑은 연못이라는 뜻의 '경지鏡池'는 배롱나

2) 서산시청 문화관광과, 개심사 안내판

무를 비롯한 주변 고목의 그림자가 자욱하고, 한 자는 족히 되어 보이는 금잉어가 유유히 노닐고 있었습니다. 경지 중간에 놓여있는 외나무다리는 반야를 찾기 위해 홀로 떠나는 수행 길을 암시하는 듯했습니다. 외나무다리 건너 자리한 종각과 해탈문은 자연 그대로의 굽은 나무기둥이 지붕을 떠받치고 있어, 곧은 나무만 고집하는 우리의 모습이 한낱 집착과 아집에 불과함을 알려주었습니다.

해탈문을 통해 들어선 경내 마당에는 대웅전을 중심으로 전면에 안양루, 좌우로 심검당과 무량수각이 자리하고 있어 상왕산의 짙은 숲을 배경으로 포근하고 아늑해보였습니다.

대웅전은 아미타부처님을 주불로 지장보살과 관세음보살을 협시불로 모셨고 '칼날을 찾는 집'이라는 뜻의 심검당尋劒堂은 선방에서 마음을 칼날처럼 세워 깨달음의 지혜를 닦는 선승들의 굳은 결의를 떠올리게 했습니다. 휘어진 나무 그대로 기둥과 문지방, 들보로 활용하여 자연 그대로의 아름다움을 담고 있는 심검당은 미추美醜의 구분이 없는 불구부정不垢不淨한 반야세계의 참모습을 보여주는 듯했습니다.

호불호를 분별하지 않고 있는 그대로 조화롭게 구성한 개심사의 전각과 요사! 바로 그 안에는 서로의 단점을 채워 아름답게 가꿔나가는 반야의 지혜와, 따뜻한 마음으로 세상을 품는 자비심과, 서로의 존재 속에서 지극한 기쁨을 찾아가는 극락세계의 비밀을 간직하고 있었습니다.

해우소

길모퉁이 자리한 김룡사金龍寺 한데 뒷간
오가는 선남선녀 호기심에 둘러보네
옛 경험 아련하여라, 발길 끌려 찾았다

처음엔 볼일 없다, 돌아보자 마음 동動해
궁금해진 아랫배 다급한 신호 오고
두려움 다 접어둔 채 쭈그리고 앉았네

하루 세 끼 먹는 식사 온 몸에 활력 주고
때때로 보는 볼일 속내 깊이 시원하네
채우고 비우는 수행 몸은 이미 익힌 걸까

단전에 힘을 주자 세상 근심 떨어지고
끙 소리 절로절로 번뇌 식어 편안한데
쪼그려 앉은 해우소 다리오금 저리구나

아래 보면 천인절벽 정신이 혼미하고
두 다리 후들후들 버린 망념妄念 다시 오네
코끝 쏜 분향糞香이 싫어 황급하게 나왔다

방금 전 일었던 도심道心 어디로 떠난 게요
달고 지낸 애물이라 잠시도 못 버리나
고사이 참지를 못해 돌아서서 탓하네.

경북 문경 운달산(1097.2m) 남쪽 기슭에 위치한 **김룡사**金龍寺를 찾았습니다.

이 절은 신라 진평왕 10년(588)에 운달조사가 창건하여 운봉사雲峰寺라 했으나, 전설에 의하면 조선시대 후기 문경부사였던 김모金某라는 사람이 이 절에서 불공을 드리던 중, 운달계곡의 용소龍沼에서 용왕의 딸을 만나 아들을 낳게 되어 용龍이라 이름짓고, 그 뒤 가운이 융성하게 되자 마을과 절 이름을 아이 이름을 따서 각각 김룡리, 김룡사로 불렀다 합니다.3)

김룡사로 가는 길가에 펼쳐진 전답에서 오곡백과가 익어가는 시골의 가을 정취를 물씬 느낄 수 있었습니다.

아름드리나무로 우거진 김룡사 입구의 숲은 그늘이 짙게 내려 한낮임에도 오후의 늦은 시간으로 착각하게 했고, 티 없이 맑은 운달계곡을 보니 진리를 가까이 하는 김룡사 스님들의 맑은 마음을 보는 듯했습니다. 시냇물에 손을 씻다가 김룡사와 한 동자승과 얽힌 이야기가 생각났습니다.

『김룡사는 산세가 맑은 명찰인지라 항상 많은 스님들이 수도를 위해 모여들었는데, 그중에 똑똑한 동자승이 하나 있었다. 하루는 주지스님이 동자승에게 상추를 씻어오도록 일렀다. 동자승이 수정처럼 맑은 계곡 물에 부지런히 상추를 씻고 있는데, 갑자기 산 너머에서 불기둥이 솟구쳤다. 깜짝 놀라 살펴보니 불 난 곳은 산 너머에 있는 대승사였다. 대승사의 스님들은 불길을 잡지 못해 우왕좌왕했고, 불길은 점점 더 번져가기에 다급한 마음으로 동자승은 '저 불을 꺼야지' 하고 염불을 하며 바가지에 계곡물을 떠서 불길이 치솟는 산 너머로 정신없이 퍼부었다. 한참 후 불길이 잡히고 불은 꺼졌으나 정신을 차려보니 상추도 물을 퍼서 끼얹을 때 날아가버려 몇 잎 남아있지 않았다. 동자승은 걱정이 되었으나 몇 잎 남지 않은 상추를 씻어 주지

3) 김룡사 안내판 참고

스님께 달려갔다. 그때 주지스님은 상추를 씻으러간 동자승이 오기를 기다리다 지쳐있는데, 소쿠리에 담긴 몇 잎의 상추를 보고는 화가 폭발해 동자승을 회초리로 후렸다. 동자승은 방금 전 일어났던 사실을 설명할 수도 없어 묵묵히 매를 맞을 수밖에 없었다. 그날 밤 잠자리에 들었을 때 옆에 누운 스님들이 "무슨 일로 매를 맞았느냐?"고 묻기에 낮에 있었던 일을 자세히 설명해주었으나 아무도 믿으려 하지 않았다. 자기 말을 누구도 믿어주지 않자 동자승은 실망하여 이른 새벽에 김룡사를 떠나 어디론가 가버렸다. 뒤 늦게 동자승이 떠난 것을 알고 동자승이 대승사의 불을 껐다는 말을 놓고 수군거리다가 한 스님이 30여 리 떨어진 대승사에 가보기로 했다. 대승사에 가보니 과연 불이 났었고, 난데없는 물줄기와 상추가 떨어져 불을 끌 수 있었다는 말을 들을 수 있었다. 대승사에서 돌아온 스님은 주지스님에게 이 이야기를 전하고 동자승의 심오한 도심道心에 감탄하였으나 동자승은 아무데서고 찾을 수 없었다.』 4)

녹음이 우거진 숲을 걷노라니 일주문인 홍하문紅霞門이 나오고 뒤이어 해탈문인 보장문寶藏門에 들어설 수 있었습니다. 단아한 전각에는 고요와 적막이 흐르고 대웅전 앞마당에는 불법을 밝히는 석등 대신 불을 피워 올려놓는 화대간석火臺竿石이 이제나저제나 부처님의 법등이 켜져 온 세상에 횃불처럼 들려질 날을 기다리는 듯했습니다.

대웅전 울 밖으로 오랜 세월 구도에 몰두하다 보니 퇴색조차 모르고 기와지붕에 듬성듬성 잡초를 뒤집어 쓴 낡은 요사寮舍가 있어 수행승들의 번뇌가 지붕을 타고 올라 잡초로 자란 듯 보였습니다.

또한 요사寮舍의 기둥에는 여래의 공덕을 찬미하는 보현보살의 게송이 붙어있어 스님들의 한결같은 불심을 대신 말해주었습니다.

---

4) 신한국의 여로 10 안동 주왕산, 한국일보사, 1989, 참고

刹塵心念可數知 (찰진심념가수지) 온 세상 티끌 다 헤아려 알고
大海中水可飮盡 (대해중수가음진) 큰 바다 물 다 마셔 없애고.
虛空可量風可繫 (허공가량풍가계) 허공을 헤아려 바람 묶는다 해도
無能盡說佛功德 (무능진설불공덕) 부처님 공덕 능히 다 말할 수 없네.

최근 현대식으로 변모해가는 절과는 달리 김룡사는 재래식 해우소가 그대로 간직돼있었습니다. '근심을 푸는 장소' 즉 변소를 뜻하는 '해우소'는 경봉스님이 통도사 극락선원의 조실로 계실 때 절간에 처음 등장시켜 민간에까지 널리 퍼진 용어입니다.

이곳에서의 색다른 경험은 오랜 옛적, 케케묵었던 한때의 추억을 불러일으켰습니다.

나뭇잎과의 대화

여보게, 수고했네!
노년의 화사한 옷차림이 보기 좋군
저녁놀로 온몸을 휘감았나 보이
한 해 산 얘기나 들려주게나

어린 시절 따스한 해님이 보듬어주고
밤이면 달님 별님 보며 꿈꾸었지
간간이 내리는 비에 목욕을 하고
간지러운 바람에 웃으며 자랐지

그러던 어느 날
벌레들이 하나 둘 나타나
내 몸을 갉아 먹는 거야
파르르 떨며 난 빌었지
하늘은 내게 새와 거미들 보내주시고
무서운 폭우로 쫓아주셨지

내 몸의 상처 좀 보게나
어디 성한 데 있나
인간의 주름살이 풍진세상 말해주듯
이 상처 내 살아온 고난의 증표라네

험한 세상 살았군!
헌데 무엇 위해 살았나
그저 하루하루 벌레에 쫓기는 삶이었네그려

비웃지 말게
인간은 무얼 위해 사는지 모르네만, 난 알지
그저 산 가꾸고 나무를 살리고
열매 맺도록 도우며 살았지
마음은 서방정토 그리다 이렇게 물들었네
마지막 가는 길에도 이승을 꾸미지

난 아무 말도 할 수 없었습니다
그저 부끄러움에 고갤 숙였습니다
나뭇잎은 산들바람에 손 흔들며 잘 가라 인사했습니다.

대구 팔공산 기슭에 자리한 고찰 **파계사**把溪寺를 찾았습니다.

파계사는 신라 40대 애장왕 5년(804), 심지스님이 창건했다고 합니다. 절을 끼고 계곡으로 흘러든 아홉 개의 물줄기가 한 곳으로 모인다하여 붙여졌다는 파계사(把:잡을 파, 溪:시내 계)는 조선 영조대왕 원찰로, 숙종과 파계사를 중창(1695)한 현응대사와의 특별한 인연이 서린 곳으로 다음과 같은 전설이 있습니다.

『조선 19대 숙종 때 전국사찰의 스님들은 부역과 공납 등 불교 탄압으로 혹사당하고 있었다. 임진왜란 때 의승들이 목숨을 바쳐 조선을 지켰지만 그 공은 잊혀진지 오래였고 유생과 양반들의 횡포와 탄압은 극에 달해있었다.

하루는 숙종이 꿈을 꾸니 남대문(숭례문) 밖에서 한 승려가 대궐로 들어오더니 넙죽 엎드려 절을 하는 게 아닌가? 기이하게 여긴 숙종은 내관에게 명하여 남문 밖에 나가 승려가 있는지 알아보라 했다.

내관은 남문 밖에 앉아있던 도력이 높아 보이는 한 스님을 발견하자 은밀히 어전으로 모시고 왔다. 이 스님은 대구 팔공산 파계사의 주지인 영원선사로 유생들의 불교탄압을 탄원하기 위해 상경했다가 기회를 얻지 못하여 파계사로 발길을 돌리려던 참이었다. 숙종은 영원선사의 인품이 범상치 않음을 보고 스님에 대하여 자세히 물어보았다. 영원선사는 자신의 신분을 밝히고 상경하게 된 연유와 불교 탄압에 대한 실정을 알리며 간곡한 청을 올렸다. 숙종은 영원선사의 간원을 듣더니 한 가지 제안을 했다.

"그대의 청을 들어줄 터이니 내가 왕자를 얻을 수 있도록 백일기도를 해 줄 수 있겠소?"

숙종에게는 장희빈과의 사이에서 얻은 병약한 원자인 경종이 있던 터였다.

영원스님은 친분이 두터운 수락산 내원암의 농산聾山스님을 찾아가 자초지종을 이야기하고 함께 수락산에서 왕자의 잉태를 기원하는 백일기도에 들어갔다. 100일 기도가 끝나도록 왕가에서 태기를 보이지 않자 영원스님이 농상스님께 권고했다.

"차라리 세수가 많고 법력이 높으신 스님께서 왕자로 나시면 어떻겠습니까?"

농산스님은 숙빈 최씨에게 현몽한 뒤 열반에 들자 이듬해에 왕자가 태어났다. 이분이 바로 조선의 임금이 되니 21대 영조대왕이라 합니다.

왕자를 얻은 숙종은 기쁨에 겨워 영원선사에게 '현묘한 부처님의 은혜가 정성으로 감응했다'는 의미의 현응玄應이란 시호를 내렸다. 또한 숙종은 파계사를 중심으로 40리에 걸쳐 나라에서 거두던 세금을 모두 절에서 거두도록 했으나 현응대사는 이를 한사코 거절하고, 파계사 경내에 선대 임금의 위패를 모실 수 있도록 요청했다. 숙종이 윤허하니 현응대사는 파계사에 기영각을 세워 선대 왕의 위패를 모시니 지방 유생과 양반들의 행패도 끊기게 되었다. 현재 파계사 사적비 부근의 '누구를 막론하고 여기서부터 말에서 내려라'는 뜻의 '대소인개하마비大小人皆下馬碑'는 그때 새겨진 비라 하고, 성전암聖殿庵 법당에 걸려있는 편액 '현응전玄應殿'은 영조대왕이 11세에 쓴 것이라 합니다.

현응대사와 영조대왕과의 특별한 인연을 입증하듯, 지난 1979년 파계사 원통전圓通殿 관세음보살상에 새로 금칠을 하던 중 영조대왕 도포와 함께 발원문이 발견되었다 합니다.』[5)]

점점 붉게 물들어가는 팔공산과 가로수를 보며 별로 힘들지 않게 파계사에 오를 수 있었습니다. 매표소를 앞두고 수령 250년 된 느티나무가 현응대사나무라는 이름으로 울타리에 둘러싸여 보호되고 있어 현응대사와 파계사의 진한 사연을 알리는 듯했습니다.

고색色古에 물든 일주문을 오르자 파계사의 유래가 된 넓은 연못인 파계지把溪池가 단풍이 물들어가는 산과 나무들을 고요히 담고 있어 한동안 선계에 온 듯 맑은 연못에 담긴 물그림자를 보며 아름다움에 도취될 수 있었습니다. 파계사가 조선왕조의 각별한 사찰이었음을 나타내는 하마비下馬碑를 돌아보고 진동루鎭洞樓를 통해 법당으로 들어섰습니다. 진동루는 '물이 빨리 흐르는 것을 누른다'는 뜻으로 아홉 갈래에서 모인 물줄기의 파계지가 흐를 때 지기地氣가 함께 떠내려가는 것을 방비한다는 의미를 가지고 있다 합니다.

법당에는 관세음보살을 주불로 모신 원통전이 있고 좌우로 스님들의 수행처인 설선당과 적묵당이 있습니다. 설선당에는 추사선생의 글을 판각한 '산해숭심山海崇深', 곧 '산은 높고 바다는 깊다'는 뜻의 현판이 걸려있어 불도의 길이 멀고 험함을 암시하는 듯했습니다. 원통전 왼쪽으로 영조대왕의 생전에는 수복을 기원하고 사후에는 명복을 기도한다는 기영각祈永閣이 자리하여 파계사가 영조의 원찰임을 알려주었고, 그 뒤로 산신신앙을 불교가 수용한 산령각(산신각)이 아담하

---

5) 파계사 소책자 참고

게 위치해있었습니다.

전각을 둘러보고 성철스님이 8년간 수도했다는 성전암을 향했습니다. 제법 가파른 길이지만 최영자 해설사님의 설명과 도움을 받으며 파계사와 성전암에 담긴 사연을 하나하나 벗길 수 있었습니다. 낡은 암자 옆의 장독대가 오래 전 시골 풍경을 연상시키는 가운데, 성전암 주련柱聯에서 현대 문명을 떠나 오직 고집스럽게 수도에만 몰두하는 스님들의 기풍을 엿볼 수 있었습니다.

千峰盤窟色如藍 (천봉반굴색여람)
　　천봉의 깊은 골짝 쪽빛처럼 푸르른데
誰謂文殊是對談 (수위문수시대담)
　　그 누구이시던가, 문수 만나 말했다는.
堪笑淸凉多少衆 (감소청량다소중)
　　참으로 우습구나, 청량산 대중 몇이냐 하니
前三三與後三三 (전삼삼여후삼삼)
　　전 삼삼 후 삼삼이라 했다 하더이다.

威踏毘盧頂類 (위답비로정류)
　　부처 이마를 밟을 수 있는 위엄 갖추고
行拜童子足下 (행배동자족하)
　　어린아이 발아래 절할 정도로 겸손하라.

하늘은 내게 바라는 걸 주시네

하늘은 내게 바라는 걸 주시네
가슴 부푼 꽃 피우라 봄 주시고
열매 맺으라 여름을
결실 거두라 가을을
곰곰이 내일 준비하라, 겨울을 주시네

어려서 소망 이루라 어른이 되고
외롭다 짝 주시고
티 없는 시절 돌아보라 아이 주시며
부모께 감사하라 어버이 닮게 하네
하늘은 내게 바라는 걸 주시네

보고 싶은 거 보고
듣고 싶은 거 듣고
느끼고 싶은 거 느끼며
맘껏 꿈 키우라 하시네
하늘은 내게 바라는 걸 주시네

하늘은 바라는 거 보다 더 주시네
이 세상 몰라도 오게 하시고
부모, 형제, 이웃, 터전을 주시고
보고 듣고 느끼는 거 보다 더 알게 하시며
두려움 이길 기도와 의지를 주시네

마음이 변하기에 몸이 변하고
아이처럼 자라거라 세월이 흐르는 거,
하늘은 내게 바라는 걸 주시네
먹구름 뒤에서 태양이 빛나고
어둠이 있어 달 밝음도 알게 하시네.

구례 지리산에 위치한 **화엄사**를 찾았습니다.

화엄사는 백제 성왕 22년(544)에 인도 스님인 연기조사가 창건했다 합니다.

그 뒤 화엄사는 선덕여왕 12년(643)에 자장율사가 증축했고 문무왕 10년(670)에는 의상대사가 화엄 10찰의 불법전파 도량으로 장육전丈六殿을 지을 때 장육전의 사방 벽면에 화엄경을 새긴 석경을 둘러 위용을 자랑했다고 합니다. 이후 헌강왕 1년(875), 도선국사에 의해 다시 증축되나 임진왜란 때 불타버리고 조선 인조 8년(1630)에 벽암선사가 대웅전 등을 중건하지만 일제강점기와 6·25 동란을 겪으며 퇴락해, 1969년에 전면적인 중수로 오늘의 화엄사 모습을 찾게 되었다 합니다.[6)]

화엄사 창건, 중건과 관련하여 다음과 같은 전설이 있었습니다.

『옛날 천축국(인도)에서 불법을 펼치고자 모친인 비구니 스님을 모시고 백제에 찾아온 한 스님이 있었다. 이 스님은 연鳶(몸통은 거북 같고 얼굴은 용 같이 생겼으며 날개가 있어 날아다닌다는 전설상의 동물)을 타고 불법과 인연 있는 국토를 찾아다니다가 지금의 화엄사 산중인 황둔골에 움막을 짓고 기거했다.

---

6) 화엄사 홈페이지 참고

마을사람들은 산중에서 들리는 알 수 없는 독경소리를 듣고 찾아와 스님을 보니 피부색과 생김새가 다르고 말이 통하지 않았다.

다행히 이 스님은 당시 천축에 유학 왔던 중국의 양나라 스님에게서 한문을 배웠던 터라 필담으로 대화를 주고받을 수 있었다. 스님이 부처님의 최고 경전인 화엄경을 펼치기 위해 불연국토를 찾아 왔음을 알게 된 마을 사람들은 스님으로 부터 법문을 듣고 싶으나 예불할 장소가 마땅치 않자, 스님께 간청하여 불사를 하게 되었다.

이리하여 지은 건물이 스님들의 거처인 요사겸 설법전인 해회당海會堂이고 또 한해가 지난 이듬해 가을 대웅상적광전大雄常寂光殿인 법당을 낙성했다. 절 이름은 화엄경에서 딴 화엄사라 했고 마을 사람들은 스님 이름을 연기존자라 불렀다.』 7)

숙종 25년(1699) 계파선사가 장육전 자리에 세웠다는 현존 목조 건물 중 국내 최대 불전인 각황전覺皇殿(국보 67호)의 불사佛事와 관련하여 다음과 같은 전설이 있었습니다.8)

『계파선사가 장육전 중건불사 대발원의 100일 기도를 마치는 날 밤이었다. 꿈에 한 신인神人이 나타나더니

"불사를 이루려면 물 담은 항아리와 밀가루 담은 항아리를 준비하도록 해라. 그 다음 스님들에게 먼저 물 항아리에 손을 담그고 나서 밀가루 항아리에 손을 넣도록 해라. 그리하면 밀가루가 묻지 않는 스님이 있을 것이다. 그를 장육전 건립의 시주승으로 정하도록 하라" 하는 것이었다.

이에 계파스님은 대웅전 앞에 두 항아리를 준비하고 꿈대로 시행한 결과, 신기하게도 천여 명 대중스님 중에 스님 한분의 손에 밀가루가 묻지 않았다. 그분은 공양주 스님이었다. 계파스님은 공양주 스님에게 장육전 중창불사 시주승의 중임을 맡겼다. 시주승으로 선임된 공양주스님으로서는 보통 일이 아니었다. 지금까지 공양 짓는 일은 그럭저럭 수행해 왔으나 불사시주를 감당

---

7) 화엄사 홈페이지 창건설화 참고
8) 화엄사 홈페이지, 팸플릿 참고

한다는 것은 아예 엄두가 나지 않았기 때문이다. 밤새껏 걱정하던 스님은 대웅전에 정좌하고 부처님께 간절히 기도를 했다. 그때 비몽사몽간에 문수보살이 나타나 말씀하셨다.

"그대는 걱정하지 마라. 내일 아침 즉시 시주를 위해 떠나거라. 그래서 제일 먼저 만나는 사람에게 시주를 권하도록 하라."

스님은 용기를 얻어 대웅전 부처님께 절을 하고는 일주문을 나섰다. 한참 계곡 길을 따라 내려가는데 길 저쪽에서 남루한 옷을 걸친 거지 노파가 오고 있었다. 이 노파는 자식도 없이 혼자서 움막에 사는데 절에 자주 올라와 잔심부름도 해주고 누룽지를 얻어가곤 하던 스님과는 잘 아는 사이였다. 스님은 그만 난감해졌다. "거지노파에게 어떻게 장육전을 지어달라고 하랴!" 싶어서이다.

그러나 스님은 간밤에 문수보살의 지시를 생각하고 노파에게 장육전을 지어달라며 절을 했다. 노파는 처음에 스님이 농으로 그러는 줄 알았으나, 스님의 전후 사정이야기를 듣고는 자신의 가난함을 한탄하다가 이윽고 화엄사를 향하여 합장하며 대 서원을 발하였다.

"이 몸이 죽어 왕궁에 태어나 큰 불사를 이루리니 부처님이시여, 가피를 내리소서." 이렇게 원력을 알리며 수십 번 절하던 노파는 갑자기 계곡의 깊은 소沼에 몸을 던졌다. 부지식간 일어난 일이라 스님은 말릴 틈도 없었다. 노파는 이미 이승 사람이 아니었다.

그 후 오륙년이 지나 시주승이 한양에 올라가 창덕궁 앞에서 서성일 때 마침 유모와 함께 궁 밖을 나와 있던 어린 공주와 마주치게 되었다. 어린 공주는 시주승을 보자마자 반갑게 달려와서는

"우리 스님!" 하며 누더기 자락에 매달리는 것이었다. 공주는 태어나서부터 한쪽 손을 쥔 채 펴지 못하고 있었는데 스님이 꼭 쥐고 있던 공주의 손을 만지니 신기하게도 펴졌다. 손바닥에 장육전이라는 세 글자가 쓰여 있었다.

이 소식을 들은 숙종대왕은 시주승을 내전으로 불러 자초지종을 듣고 노파의 깨끗한 원력으로 오늘의 공주로 환생하였음을 알고는 감격하여 장육전 중창비용을 하사했다.

장육전이 완성되자 왕은 사액賜額을 내려 각황전覺皇殿이라고 하였다. 각황전은 '부처님을 깨달은 왕이란 뜻과 임금님을 일깨워 중건하였다'는 뜻을 담고 있다.』

주차장에서 포장된 길을 따라 화엄사로 향하며 지리산의 풍치와 계곡의 아름다움에 흠뻑 빠질 수 있었습니다. 마침내 돌담에 기와를 얹어 울타리를 세운 일주문을 지나 화엄사 경내로 들어섰습니다. 곧이어 금강역사와 문수, 보현동자상이 있는 금강문과 사천왕이 지키는 천왕문을 지나며 불심을 추스려 보았습니다. 불교행사 때 주로 사용된다는 보제루 옆을 지나니 계단 위로 대웅전과 전설의 각황전이 눈에 들어왔습니다.

절 마당에는 도선국사가 건립했다는 동·서 오층석탑 2기가 자리해 변하지 않는 불심을 지키고, 계단 위에는 대웅전, 각황전, 명부전, 영산전, 나한전, 원통전 등의 전각과 함께 석등(국보12호), 4사자 감로탑(보물300호)이 오래고 웅장한 화엄사의 역사를 내비치는 듯했습니다. 각황전 좌측 길을 오르자 효대孝臺에 자장율사가 부처님 진신사리 73과를 모셔와 세웠다는 불사리공양탑인 4사자 삼층석탑(국보35호)이 있었습니다. 불사리공양탑은 연기존자가 어머니 비구니에게 효孝를 다하여 차를 드리는 화엄사 창건설화를 담고 있습니다.

선조의 깊은 불심과 손길이 담긴 화엄사를 돌아보며 유적 하나하나에 이르기까지 새겨진 장엄한 화엄세계의 모습을 그려보았습니다. 그러고 보면 우리의 삶은 불가사의의 연속이며 축복이 아닌가하는 생각이 들었습니다.

꽃잎으로 내린 비

1.
겉보기 같은 나무 열매가 서로 달라
한 나무 감 달리고 또 한 나무 고욤 여네
천은天恩이 다 같건마는 수과樹果 어찌 다른가

부처 은혜 단비되어 구름타고 내려올 때
품은 믿음 서로 달라 받은 가피 다르기에
한 세월 지나서 보니 딴 나무 되었구려

고욤나무 감 부러워 열매 맺기 수줍어도
한 해 받은 하늘 은혜 알알이 영그나니
내년엔 가지 접붙여 단감 열면 어떠신가

고욤이던 단감이든 같은 감 아니던가
겉모습에 심안心眼 잃어 호불호 분별하네
조화 속 늘 하나인 걸 그대 언제 알려는가.

2.
절 모퉁이 알밤나무 다람쥐 앉아있어
때늦은 점심공양 다가가도 꼼짝 않네
그 양식 도반道伴 불러내 나눠 들면 어떠한가

골짜기 흐르는 물 검게 보여 다가서자
티 없이 물 맑아도 바탕돌에 어두워라
담쟁이 고목 오르다 물소리에 숨 고르네

시절 맞은 비와 이슬 과실로 화답하듯
요사寮舍에 꽃비 내려 선승禪僧 반야 얻을시고
법우法雨로 들려준 설법 우화궁雨花宮 덮었는데

만수산 수미須彌 되어 극락전 품에 안고
꽃비로 얻은 실과 무량사 넘치누나
등 밝힌 저 느티나무 절 앞마당 지키네.

부여 만수산萬壽山 남쪽 기슭에 위치한 고찰 **무량사**無量寺를 찾았습니다.

무량사는 신라 문무왕 때 범일국사가 창건했다 합니다. 이 절은 조선 세조 때 생육신의 한 사람인 매월당 김시습이 21세(1455) 때 수양대군이 단종을 폐위하고 왕위에 올랐다는 소식을 듣고 세상을 비관, 책을 불사른 뒤 머리 깎고 스님으로 유랑하다가 59세의 나이로 입적한 곳으로 알려져 있습니다.

고목이 늘어선 오솔길을 따라 일주문에 들어서자 길 좌측으로 감나무 한 그루가 한 해 결실을 자랑하고 바로 그 옆에 고욤나무 한 그루가 암팡지게 고욤을 가득 매단 채 앙증맞게 서 있었습니다. "겉보기에 같은 나무인데 어찌하여 열매는 서로 다를까?" 우리 사회의 한 단면을 보는 것 같아 발길을 멈추고 한동안 생각에 잠겨보았습니다. 자질구레한 여러 가지보다 큰 것 하나가 낫다는 의미의 '고욤 일흔이 감 하나만 못하다'는 속담과, 작은 것이 큰 것보다 알차다는 뜻의 '고욤이 감보다 달다'는 상반된 두 속담이 있어 진정한 가치야 시각에 따라 다르겠지만, 곁에 있는 같은 나무의 서로 다른 열매는 깊은 화두를 남겼습니다.

천왕문을 지나 눈에 들어온 극락전은 만수산이 수미산처럼 감싸고, 그 앞에 수백 년 수령의 아름드리 느티나무가 가을바람에 붉은 옷을 차려 입고 절 마당을 지키고 있어 퇴색된 전각과 어울려 아름다움을 더하고 있습니다. 종무소 옆 아람이 벌어진 밤나무에는 다람쥐가 올라앉아 알밤을 까먹고 있는데 도반道伴으로 착각해서인지 가까이 다가가도 자리를 뜨지 않고 오히려 반기는 듯했습니다.

극락전은 무량사의 본전으로 외관상 2층 불전임에도 내부가 하나로 시원하게 트여있고 충청도 지역에서 가장 큰 규모라는 아미타 부처님을 주불로 관음보살과 대세지보살을 모시고 있습니다. 극락전 좌측의 '우화궁雨花宮'이라 이름을 붙인 요사寮舍는 아미타부처님의 법이 꽃비처럼 내려 반야를 구하고자 하는 선승禪僧의 염원을 담고, 산신각 앞을 가로지른 실개천은 짙은 나무 그늘에 석탄 광석같이 검은 돌이 바닥을 메우고 있어, 맑은 물조차 검게 보는 우리의 관념이 얼마나 불완전한지 알려주는 듯 했습니다. 개울 옆 담쟁이는 이끼 입은 고목을 타고 오르다가 힘에 겨운 듯 물소리에 지친 몸을 맡기고 있습니다.

김시습 선생이 말년을 보냈고 그의 자화상을 남긴 무량사를 뒤로 한 채 천왕문을 돌아 나오자, 오솔길 우측으로 돌탑과 돌무더기가 어지러이 자리하고 그 한쪽에서 세속을 등진 천재의 회한이 담긴 매월당梅月堂 시비詩碑가 외로움을 달래고 있었습니다.

半輪新月上林梢 (반륜신월상림초) 새로 돋은 반달이 나뭇가지 위에 뜨니
山寺昏鍾第一鼓 (산사혼종제일고) 산사의 저녁 종 울리기 시작하네.
淸影漸移風露下 (청영점이풍로하) 달그림자 아른아른 찬이슬에 젖는데
一庭凉氣透窓凹 (일정양기투창요) 뜰에 찬 서늘한 기운 창틈으로 스미네.

고향 가는 길

그렇게
길기만 하던 여름 끝자락
가을을 잉태하고
달찬 한가위
솔바람 뒤로 숨었습니다

백로白露에 젖은 잔서殘暑
힘에 부친 듯
고추잠자리 나래 짓에
하루해
짧아만 갑니다

며칠 전부터 손꼽아
선잠 자며 설쳐대던
아들 녀석 보채기도 싫지 않은 오늘,
마음은 지척인데
고향 길은 멀기만 합니다

동구洞口의 황금물결
고개 숙여 합장하고
바알간 감나무 기다림에 농익어
고향은
고갯마루 노을만큼 수줍음에 물들어 있습니다

이제나저제나
헛기침에 주름 입고 서성이며
사립문 빠지게 바라보실
부모님 생각나
고향 집은 가도 가도 저만치 있습니다.

구미 선산 태조산(냉산, 冷山) 기슭에 위치한 **도리사**를 찾았습니다.

도리사는 신라 19대 눌지왕 원년(417)에 묵호자墨胡子로도 알려진 아도화상阿道和尙이 창건했다고 합니다. 도리사桃李寺는 아도가 일선군一善郡(善山) 모례毛禮 집에 머물고 있을 때 산 중턱에 오색의 복사꽃과 배꽃이 눈 속에서 피어나는 것을 보고 그 자리에 절을 짓고 이름했다 하는데, 이에 대한 전설은 다음과 같습니다.

『아도화상은 중국에서 고구려에 사신으로 온 아굴마와 고구려 여인 고도령과의 사이에서 태어났다. 어머니 고도령은 아도가 다섯 살이 되자 출가시켜 16살이 되었을 때 수행하고 있는 아들을 찾아가 모든 사연을 이야기하고 중국에 보냈다. 아도는 중국에서 아버지 아굴마를 만나고는 현창화상 문하에 들어가 3년간 공부한 뒤 고구려로 돌아왔다. 어머니는 아도에게 신라에 불교를 전하도록 이르자, 아도는 19세 나이로 신라에 불교를 전하기 위해 몰래 들어왔다. 당시 고구려와 백제는 이미 불교가 전래된 지 오래였으나 신라는 고유 신앙에 외래문물이 배타적이어서 불교 전파에 어려움이 심했다. 아도는 지금의 선산군 도개면 도개동 모례 집에 숨어서 낮에는 소와 양을 기르는 목동이 되고 밤에는 많은 사람을 모아 불법을 강설했다. 그때 중국 양나라에서 사신이 향을 가지고와 예물로 드렸으나 그 사용법을 아는 사람이 없어 걱정하던 중, 모례가 아도에게 물으니 '향을 불에 태우면 향기가 그윽하고 신성하기가 이를 데 없다'고 알려주었다. 그때 나라에서 성국공주가 큰 병이 들어 여러 의원을 불러 온갖 약을 다 써 보았으나 효험이 없어 날이 갈수록 병은 더해갔다. 마지막으로 아도에게 치료를 청하니 그가 향을 피우고 불공을 드리자 신통하게도 공주의 병이 완쾌되었다. 왕은 크게 기뻐하여 아도에게 경천림敬天林을 하사하여 흥륜사를 짓도록 했다. 그러나 눌지왕이 승하한 후 불교에 대한 박해가 심해져 아도는 도리사 뒤에 있는 금수굴金水窟로 들어가 숨었고 이곳에서 입적했다. 지금도 도리사 인근 마을에 가면 양과 소 천 마리를 길렀던 곳이라 해서 '양천골', '우천골'이라 부르고, 도개동 윗마을에는 외양간이 있었다 해서 '우실'이라 부른다. 또 모례장자의 집터는 '모례장자 터', 우물은 '모례장자 샘'이라 하는데, 모례장자 샘에서는 지금도 맑은 물이 샘솟고 있다. 이 마을에서는 긴 화강암을 우물 정井자 모양으로 엇갈리게 짜 맞추어놓았다.』 9)

신라에 불교가 전래된 것은 법흥왕 8년(521), 남조의 양梁나라에서 사신을 파견해 두 나라 사이의 외교관계가 성립되자 당시 호불군주로 알려진 양 무제가 사신 원표를 보내와 비로소 왕실에 불교가 전해지게 됩니다. 법흥왕은 불교를 수용하고 이를 진흥시키려 했으나 귀족들의 반대로 실패하고, 왕의 총애를 받던 이차돈의 순교(527년)를 계기로 비로소 불교가 공인되었으며 중단되었던 흥륜사 등의 공사도 재개되었다 합니다.

들이 바다와 같이 넓게 펼쳐져 있다하여 붙여졌다는 구미의 해평海平 마을에서 도리사로 향했습니다. 벼가 누렇게 익어 물결을 이룬 벌판 사잇길에 도리사 일주문이 세워져있어, 본절은 여기서부터 5km 정도 떨어져있음을 알렸습니다. 도로 양쪽으로 가로수 느티나무가 잔서殘暑를 가리고, 시원하게 트인 들과 마을이 옛날 부모님과 함께 지내던 아늑한 고향을 연상시켰습니다. 느티나무 가로수는 벚나무로 바

9) 도리사 홈페이지 참고

꿰고, 발갛게 익은 감과 사과나무가 길가에서 길손을 수줍게 맞이합니다.

마침내 산 중턱에 있는 도리사에 도착하자 아름드리 소나무에 둘러싸인 경내에서 아도화상의 좌선대, 극락전, 석탑(보물470호), 적멸보궁 및 요사 등을 고향에 온 듯 느긋하게 둘러볼 수 있었습니다.

만추晩秋

서방정토 그리다가 노을에 물들었나
칠갑산 가을 입고 온 산이 울긋불긋
불타는 만엽萬葉의 기도 하늘아래 차있다

소슬바람 가지 일어 꽃비로 내리는데
나는 듯 뒹군 홍엽紅葉 생사가 한 가지네
사시절 낫자라던 잎 한 해 생애 덧없다

화사한 봄 햇살에 위로받고 새싹 나와
홍화녹엽紅花綠葉 세상 가꿔 놀빛으로 노래했지
온 생명 나눠 쉰 숨결 열매 가득 맺었네

바람에 흩날리다 머무는 곳 정토인가
몸 따로 마음 따로 가는 길 다르련만
떠돌이 안식 찾아서 절 마당에 널린 낙엽

가을 잎 눈물 되어 쉴 새 없이 흐르는데
비질하는 저 할아범 누구 마음 쓰시는가
쓸고 난 바로 그 자리 한숨 다시 쌓이네

한 숨 돌리고 나서 다시 한 번 쓸어야지
단풍잎 치우기에 휜 허리 몸살나네
이른 봄 새싹 돋으면 뒹군 낙엽 멈출까

계곡이 깊은 만큼 가을 또한 깊어지니
장곡사 추색 묻어 단청 홍엽 구분 없네
산사에 머문 이 마음 하루해가 짧구나.

충남 청양의 도립공원 칠갑산 서쪽에 위치한 **장곡사**長谷寺를 찾았습니다.

장곡사는 신라 문성왕 12년(850)에 보조국사 체징이 창건했다 합니다. 칠갑산은 높이 561m로 별로 높지 않으나 계절별로 산세가 빼어나고 아름다워 1973년 도립공원으로 지정되었으며, 99골의 깊은 산곡이 있고, 일곱 명의 장수(갑옷 甲)가 나올 명당이 있다 하여 칠갑산七甲山이라 부른다 합니다.

국보(2점)와 보물(4점), 지정문화재를 다수 보유하고 있는 장곡사는 대웅전이 상하 두 곳으로 나뉘어 있는데, 대웅전에 주불로 모시는 석가모니 부처님을 대신하여 상대웅전에는 비로자나 부처님을 주불로 아미타 부처님과 약사여래 부처님이 계시고, 하대웅전에는 약사여래 부처님이 모셔져 있어 영험 있는 약사기도도량으로의 면모를 갖추고 있습니다.

대웅전에서 물러나 응진전에 제자와 같이 계시는 석가모니 부처님은 뒤에 조성한 것으로 보이고, 대웅전을 상하 두 곳에 세운 것에 대하여 인근 도림사가 임진왜란 때 불타고 대웅전만 남게 되자 대웅전을 옮겨왔다는 설과 장곡사가 영험한 약사 부처님으로 유명해져 스님과 신도들이 몰리게 되자 스님들이 쓰는 대웅전과 신도들이 쓰는 대웅전을 따로 두게 되었다는 설이 있을 뿐, 그 연유에 대해서는 아직 모르고 있다 합니다.[10)]

칠갑산이 온통 가을로 물들었습니다. 뉘엿뉘엿 지는 해가 서녘의 불타는 노을을 닮아가 듯 아름답게 번진 단풍은 서방정토를 마음에 그리는 듯합니다. 그러다 문득 한 해를 돌아보며 결실이 남긴 기쁨만 간직한 채 바람에 스스로 몸을 던져 꽃비로 날리고 있습니다.

그 잎에는 생멸生滅이 있고 우리의 인생도 볼 수 있었습니다. 또, 돌아서면 쌓이는 낙엽을 쓸고 있는 할아범에게서 수행자의 모습이 보였고 쓸고 나면 다시 쌓이는 절 마당에서 번뇌도 볼 수 있었습니다.

아마도 우리는 낙엽 한 장 없는 마당이 되도록 쓸고 또 쓸며 올해도 보내고 또 내년을 보낼지 모릅니다. 낙엽은 그저 바람에 날릴 뿐이었으나 스스로가 이렇게 천덕꾸러기가 되리라고는 생각지 못했을 것입니다. 어떻게 보면 나는 마음껏 마당을 어질러놓은 낙엽이요, 쓸고 또 쓸며 비질하는 할아범이었습니다.

한편으로 마당을 어지럽힌 것은 낙엽이고 바람이고 마당을 쓸겠다고 마음먹은 절 할아범이기도 했습니다. 그리고 그것을 보고 있는 바로 나였습니다.

---

10) 연합뉴스 2007.10.9 참고

낙화암

부소산 언덕 올라 푸르른 강 본다더니
꽃 같은 백제 여인 낙화落花로 떨어졌나
슬프다, 실색失色한 물이 백강白江되어 흐르누나

옛 슬픔 잊으려고 비바람에 몸 씻어도
피 눈물 적신 흔적 암벽 타고 묻어있어
낙화암 아린 그 마음 저녁 하늘 물들이네

단풍잎 한 잎 두 잎 노을 들어 흩날리면
낙화시절 봄철까지 슬픈 영혼 위로될까
백화정百花亭 강바람 불러 슬픔 날려보낸다

귓가에 단장斷腸소리 바람타고 들리는데
가져온 술병 없어 한 잔 술 못 올리네
고란사 염불소리로 대신 마음 푸옵소서

낙화암 돌 틈 메운 고란초 어디 갔나
저민 마음 설움 싫어 도승道僧 따라 은둔했나
도도히 흐르는 강물 옛날마냥 그립다

옛 자취 돌아보자 눈앞에 삼삼일어
구슬픈 마음 한끝 물밀어 들어오네
약수 떠 속 씻어내면 보리라도 얻을까

고란정 물마시고 슬픔아 멀리가라
도심道心 없어 띄운 효험 옛날이나 다름없어
백강에 떠도는 유람선 노랫가락 드높다.

부여 부소산의 **고란사**皐蘭寺를 찾았습니다.

고란사는 부여의 진산鎭山인 부소산扶蘇山(106m) 낙화암 아래에 있는 아담한 절입니다. 고란사는 낙화암에서 꽃잎처럼 떨어져 절개를 지킨 백제여인들을 추모하기 위해 지은 사찰로 백제시대에는 이곳에 정자가 있던 것으로 추정하며, 고려시대에 건립된 것으로 보고 있습니다.[11]

부소산은 백제의 왕도王都 사비를 중심으로 산성을 쌓은 곳으로 이 부소산성은 백제 성왕이 웅진(공주)에서 이곳으로 천도(538년)하여 백제가 멸망할 때까지 123년간 사용하던 국도國都의 중심 산성입니다.[12] 산성의 북쪽을 두르며 흐르는 백마강은 백제의 제일 큰 강으로 금강을 일컫는데, 백제시대에는 사비강, 백강이라고 불렀습니다.

부소산성 정문인 사비문을 지나 좌평성충, 좌평흥수, 계백장군의 3충신의 충절을 기리는 삼충사를 배례한 뒤 낙화암으로 향했습니다. 백마강을 시원하게 내려다 볼 수 있는 낙화암에는 백제 멸망 당시 낙화암에서 죽음으로 절개와 충절을 지킨 백제 여인들을 추모하기 위해, 1926년 '부풍시사'라는 시모임에서 건립했다는 육각지붕의 백화정百花亭이 길손을 맞고 있었습니다.

낙화암! 백마강이 한 눈에 아름답게 내려다보이는 바로 이 바위 절

11) 부소산성 팸플릿 참고
12) 신한국의 여로 3 참고

벽이, 나당 연합군에 의해 사비성이 유린될 때 몰려든 침략군의 능욕을 피하고 국가에 대한 충절을 지키기 위해, 사비성에 살던 궁녀와 여인들이 창강蒼江에 스스로 목숨을 던져 국가와 명운을 같이한 곳이라 합니다. 아마 이때 꽃같이 떨어지는 여인들을 보고 금강은 하얗게 실색失色하여 백강白江이 되었는지 모릅니다.

백마강은 옛 일을 기억 하는지 못하는지 유유히 흐르며 노랫가락 들리는 유람선을 띄우고 있으나, 그 당시 피에 물든 애절한 사연을 전하는 듯했고, 낙화암은 단풍과 석양빛에 연분홍 색채로 물들고 있었습니다. 또한 당시 피에 젖은 사연을 애달파하는 듯 낙화암을 찾은 이들의 아린 마음을 대신해 춘원 이광수의 '낙화암' 시비詩碑가 절절하게 단장斷腸의 아픔을 전했습니다.

『사자수 내린 물에 석양이 빗길 제
버들 꽃 날리는데 낙화암 이란다
모르는 아이들은 피리만 불건만
맘 있는 나그네의 창자를 끊노라
낙화암 낙화암 왜 말이 없느냐』

낙화암에서 오솔길을 타고 200여m 떨어진 고란사로 향했습니다. 절 뒤쪽에서 자라는 고란초에서 유래했다는 고란사는 백마강의 무심함을 굽어보는 듯했습니다. 고란사의 뒤쪽 고란정皐蘭井에는 약수가 바위틈에서 예전과 같이 솟아나고 있으나, 희귀해진 고란사의 상징인 고란초가 유리 상자에 표본으로 몇 그루 키워지고 있어 세월만큼 옛 모습도 잃어가고 있음을 알렸습니다. 고란사 뒷벽에는 고란약수와 고란초에 얽힌 전설과 낙화암에서 꽃같이 떨어지는 비운의 백제 여인 등 고란사와 얽힌 벽화가 그려져 있었습니다.

고란약수는 다음과 같은 전설이 있습니다.

『백제시대 한 왕이 항상 고란사 뒤편 바위틈에서 솟아나는 약수를 즐겨 마셔 매일 사람을 시켜 약수를 떠오게 했는데, 고란약수임을 확인할 수 있도록 고란 약수터 주변에서만 자라는 기이한 풀인 고란초의 잎을 하나씩 물동이에 띄워 오게 하였다. 고란약수를 즐겨 마신 백제왕은 원기가 왕성하고 위장병은 물론 감기도 안 걸리고 건강했다.

아득한 옛날 소부리(소부는 부여의 古名으로 서울이라는 뜻)의 한 마을에 금슬 좋은 부부가 살았는데, 늙도록 자식이 없어 할머니는 늘 되돌릴 수 없는 세월을 한탄하며 다시 한 번 회춘하여 자식 갖기를 소원했다. 그러던 어느 날 할머니는 일산日山(금성산)의 도사로부터 "부소산의 강가 고란사 바위에는 고란초의 부드러운 이슬과 바위에서 스며나는 약수가 있어 효험이 놀랍다"는 말을 듣고, 그 다음날 새벽 남편을 보내 그 약수를 마시게 했다.

그런데 할아버지가 밤이 되어도 돌아오지 않자 다음날 일찍 약수터로 찾아가 보니 할아버지는 간 데 없고 놀랍게도 웬 간난 아이가 남편의 옷을 입고 누워있는 게 아닌가? 할머니는 아차 했다. 도사가 한 잔 마시면 삼 년이 젊어진다는 말을 남편에게 알려주지 않았던 것을 후회하며 간난 아기를 안고 집에 돌아와 고이 길렀는데, 후에 이 아이가 나라에 큰 공을 세워 백제시대 최고의 벼슬인 좌평에 올랐다고 한다.』 13)

백제 흥망의 역사를 간직한 부소산성은 그동안 옛 백제의 전설과 사연이 가득한 폐허와 부서진 유물을 간직한 채 잊었던 기억을 회상하는 듯했습니다. 다만 새롭게 관광지로 개발 되어 옛날의 슬픔에서 벗어나 하나 둘 옛터가 복원됨으로써 그나마 위로 받고 있었습니다.

13) 고란정 게시 설명문, 신한국의 여로 부여 공주 참고

감나무

죽담 너머 감나무 깊은 시름 잠겨있어
솔바람에 떠밀린 마음 대웅전 기웃기웃
까치발 디디고 서서 사르르 떨고 있네

한 해간 입고 지낸 고운 옷 다 어디 두고
앙상한 가지마다 달랑 알감 달고 있나
한숨 속 일궈온 열매 노을 닮아 곱다랗다

나뭇잎 보낸 상처 마디마디 옹이 되고
겉보기 숨결 없어 고사목 다름없네
매달린 낙엽 언저리 풍경소리 은은하다

슬픔 되어 묻은 앙금 홍시에 스며들어
떫은 맛 업이 되어 세세손손 이어지나
풍상이 스쳐간 세월 가지 끝 달려있네

산새 들새 모여들어 까치밥 공양 들고
가지에 올라앉아 눈물로 지저귀면
혼미한 정신 돌아와 멈춘 숨 돌리려나

황금가을 곱디고운 나뭇잎 내보내고
겨우내 꽁한 마음 햇볕에 풀어지면
휑하니 뚫린 빈자리 봄기운 품어보게

매운바람 찾아들자 시린 가지 손 녹이라
송광사 울이 되어 포근하게 감싸시나
세파에 찌든 저 생명 위로받기 여념 없네.

전북 **완주**의 종남산 기슭에 위치한 **송광사**松廣寺를 찾았습니다.

송광사는 신라 경문왕 7년(867)에 구산선문의 개산조인 보조普照 체징선사가 개창하였다 합니다. 원래의 사찰명은 백련사白蓮寺였으나, 고려 말 순천 송광사의 보조국사 지눌이 송광사로 이름을 바꿨으며, 가람규모가 방대하여 일주문이 3km 밖 '나드리'라는 곳에 있었던 것을 현재의 위치로 옮겼다 합니다. 송광사는 조선 인조대왕의 호국원찰로 임진왜란 때 거의 폐찰된 것을 중창하여, 병자호란으로 청나라에 볼모로 간 소현세자와 봉림대군 두 왕세자의 무사 환국과 국난의 아픔을 불력으로 치유하고자 했는데 이렇게 아픔의 역사를 치유하기 위한 송광사는 나라에 큰일이 있을 때마다 대웅전, 나한전, 명부전의 불상이 땀과 눈물을 흘려 이적異蹟을 보인다고 합니다.14)

마을 끝에 자리한 송광사는 일주문, 금강문, 사천왕문, 대웅전 및 전각들이 한 곳에 몰려있어 아담하고 단출하여 평온한 모습이었습니다.

늦가을이라 그런지 절 담장 밖 감나무가 나뭇잎을 다 떠나보내고 한 해의 결실인 알감만 까치밥으로 걸어둔 채 떠나보낸 나뭇잎에 대한 미련으로 썰렁한 분위기에 거의 사색이 되어 있었습니다. 이 순간만큼은 누구의 위로도 소용없어 그저 세월에 마음을 맡겨 풀릴 때까

14) 송광사 안내문참고

지 기다림이 고사목이 된 감나무에 대한 아름다운 배려일 것입니다.

한 해를 같이한 나뭇잎을 모두 보낸 애별리고愛別離苦의 고통을 겪고 있는 감나무! 그 감나무는 슬픔이 앙금으로 남은 업業이 실려 떫은맛이 무명번뇌로 돌고 도는 윤회의 덫에 갇혀 있는 건 아닐는지요. 아마도 감나무는 실의에 빠져서 죽은 듯 한겨울을 보내고 따스한 햇살에 언 몸이 녹을 때쯤에야 옛날의 상념을 다 지운 빈 마음으로 다시 생명을 잉태하게 될 것입니다.

송광사는 이렇듯 고난에 덮인 뭇 생명의 울타리가 되어, 편안하고 아늑하게 상처받은 마음을 위로하고 있었습니다.

적멸보궁寂滅寶宮

석양에 비낀 구름 노을 짙게 내리는데
비슬산 적멸보궁 고요 속 묻혀있네
방금 전 스치던 발길 어디 다 떠난 게요
선남녀 머문 그 자리 땅거미로 메우나

거문고 비파소리 어디서 들리는가
산 이름 비슬琵瑟이라 맑은 소리 찾았더만
산골짝 적막하여라 물소리도 숨었구려
애끓는 풀벌레소리 바람결에 떠도네

산새 들새 둥지 찾아 수풀 속 숨어들고
퍼덕이는 날갯짓에 소슬바람 일건마는
한달음 지친 보궁寶宮 편안히 쉬라시나
나그네 청승맞아라, 턱 괴고 앉아있다

금강계단 석종소리 누굴 위해 울리는가
간단없는 무언설법 바람타고 들리련만
사바세계 묻은 잔 때 언제 다 벗기려나
멀고먼 티끌 가득 길 해 짧아 다 못가네

어스름한 석양빛에 산 나그네 떠나시나
지친 발길 옮기느라 들메끈도 풀렸구려

이왕이면 지고 온 짐 보궁에 놓으시지
잠시간 풀었던 등짐 다시 메고 가시네.

대구 달성군과 경북 청도군의 경계를 이루는 비슬산 기슭에 위치한 **용연사**를 찾았습니다. 이 절은 신라 신덕왕 1년(912)에 보양국사가 창건했다 하는데, 보양국사는 청도 운문사를 중창(930)한 고승입니다. 그 뒤 용연사는 임진왜란 때 소실燒失되어 선조 36년(1603)에 사명대사가 재건했고 적멸보궁의 사리탑 석조계단은 현종 14년(1673)에 조성된 것이라고 합니다.

석조계단에 모신 불사리는 임진왜란 때 왜군이 통도사에서 약탈해 간 것을 사명대사가 왜국에 강화사로 다녀오면서(1605) 다시 찾아다가 통도사에 봉안하고 일부 불사리를 대사의 제자 청진스님이 금강산 건봉사로 옮겨가던 중, 1과를 용연사에 남겨 모시게 되었다 합니다.

적멸보궁은 신라 선덕여왕(재위 632~647) 때 고승인 자장율사가 중국에서 가지고 온 부처님 진신사리를 영축산 통도사, 오대산 상원사, 설악산 봉정암, 태백산 정암사, 사자산 법흥사에 봉안한데서 유래하여 이를 5대 적멸보궁이라 하고, 비슬산 용연사는 금강산 건봉사, 선산의 도리사와 함께 8대 적멸보궁으로 알려져 있습니다.[15]

먹을 수 있는 꽃이라 하여 참꽃(진달래꽃)으로 잘 알려진 비슬산琵瑟(비파 비, 거문고 슬)의 산 이름은 여러 유래가 있으나 그중 하나는 산 정상의 바위 모양이 마치 신선이 거문고를 타는 듯 하다하여 붙여졌다 합니다.[16] 비슬산과 관련된 자료들을 찾아보니 다음과 같은 민

15) 건봉사 소책자, 용연사안내판 참고
16) 달성군청 문화관광 비슬산 참고

담이 있었습니다.

『옛날 비슬산 기슭에 한 나무꾼이 살고 있었다. 하루는 나무 하러 산에 올랐더니 신선바위에 노인 두 분이 앉아 바둑을 두고 있었다. 나무꾼은 나무 하러 온 것도 잊고 옆에 쭈그리고 앉아 바둑에 빠져 들었다. 노인은 계속 바둑만 두다가 목이 마른지 허리춤에 차고 있던 호리병을 들어 마셨다. 나무꾼은 호기심에 물었다.

"노인장, 그것이 대체 무엇입니까?"

"장생주라네. 자네도 한잔 들겠는가?"

나무꾼이 마셔보니 달짝지근한 게 입에 딱 맞았다. 노인은 바둑이 끝나자 일어서면서

"이제 그만 가 볼까? 자네도 잘 가게." 하고는 바람과 같이 사라졌다.

나무꾼도 정신이 들어 들고 있던 도끼를 보니 도끼자루는 썩어있고, 도끼도 쇳녹이 잔뜩 슬어 도저히 쓸 수가 없었다. 신고 있던 짚신도 보니 바짝 삭아 먼지처럼 폴폴 날렸다. 나무꾼은 할 수 없이 썩은 지게도 버린 채 맨발로 터덜거리며 집에 왔는데 웬 노인이 텃밭에서 풀을 뽑고 있었다.

"이 집에 사는 사람은 어디 갔습니까?"

"내가 이 집 주인인데 누구시오?"

"그러면 이 집에 살던 아무개라고 아십니까?"

"어허, 그 분은 제 고조부 어른이시오."

나무꾼은 어이가 없었다. 나무꾼은 먼 하늘을 한참 보다가 집을 등지고 다시 비슬산으로 올라갔다. 그 뒤 아무도 그의 소문은 들을 수 없었다.』 17)

한편, 용연사龍淵寺의 창건 설화는 다음과 같았습니다.

『옛날 용연사 절터에 용 일곱 마리가 사는 연못이 있었다. 세월이 흘러 이 용들이 승천할 때가 되니 서로 먼저 여의주를 차지하려고 싸워 광풍과

17) 한권으로 읽는 한국의 민담, 권순우편역, 송원, 2006, 183-184쪽 참고

폭우가 일게 되었다. 이 일로 때 아닌 폭풍과 홍수를 맞게 된 마을 주민들은 그 피해가 극심해 말이 아니었다.

이때 사찰 건립을 위해 절터를 찾던 보양국사가 주민들의 고충을 듣게 되었다. 대사는 도력으로 용왕을 찾아가 용의 횡포를 막아 달라고 청했다. 마침 보양국사는 중국에서 수학하고 서해를 건너올 때, 국사의 법력을 흠모한 용왕이 부탁해 용궁에서 설법을 해준 일이 있었다. 그때 감명받은 용왕은

"작갑사의 옛터에 절을 지으면 불법을 수호하는 성군聖君이 출현해 삼국을 평정할 것이다"라는 조언까지 해준 바 있었던 터다.18)

국사의 청을 받은 용왕은 아들을 시켜 용들을 잡아오도록 했다. 용왕의 아들은 호리병을 들고 연못에 있는 용들의 잘못을 꾸짖으며 잡아가려 하였으나 용들이 반항하여 혈투가 벌어졌다. 마침내 용 세 마리는 죽고 남은 네 마리는 도망가버렸다. 마을 사람들은 죽은 용들을 위해 재齋를 지내고 용이 살던 연못에 절을 지어 용연사라 했다.』

매표소를 뒤로하고 호젓한 오솔길을 따라 용연사 일주문에 도착했습니다. 험난한 세월의 무게를 알려주는 듯 단청을 벗은 채 쩍쩍 갈라진 일주문을 잠시 돌아보고 오르자, 적멸보궁과 천왕문으로 가는 갈래 길이 나왔습니다. 천왕문을 지나고 안양문을 들어서니 아미타 부처님이 계신 극락전이 눈에 들어오고, 극락전 앞에는 고려시대풍의 삼층 석탑이 절 마당을 지켰습니다.

그 옆에는 불교의 근본원리인 사성제와 팔정도를 상징하는 석조물을 두른 우물이 있어 반야의 감로향기를 느끼게 했습니다. 극락전을 중심으로 영산전, 삼성각, 요사채 등의 전각이 어둑해지는 땅거미로 고요에 묻히고 있었습니다.

부처님의 진신사리를 모신 적멸보궁도 찾는 발길이 끊어져 비슬산을 내려오는 등산객이 더러 서성거리고 어스름한 저녁 햇살아래 불자

---

18) 운문사 소책자 참고

들이 머물던 자리는 풀벌레가 대신하여 불공을 드리고 있습니다. 뜻하지 않게 서인원 해설사님의 친절한 도움을 받으며 돌아본 용연사는 붉게 타는 단풍과 노을만큼 아름다운 곳이었습니다.

천년 불공

돌탑 얹듯 쌓았을까, 천수국 향한 기원
하루하루 펼친 기상 한 뼘 한 뼘 자라더만
전단향 숲을 이루어 천년 불공 여념 없네

한 자리서 좌선 들면 저린 다리 어떠할까
가랑비 적시듯이 몸은 점점 굳어가고
가슴엔 주름옷 입어 나이테로 자글대네

오가는 산들바람 살랑살랑 위로하면
날 세웠던 바늘잎새 다시 한 번 돌아보며
개울에 두 귀 기울여 물소리로 속 풀려나

가을 단풍 무르익어 깊어진 노을처럼
훈훈한 본래 모습 물그림자 드리우고
한 줄기 드맑은 바람 한 잎 두 잎 날리네

흩날린 나뭇잎들 갈 곳 정해 놓았을까
단장한 불국정토 수궁水宮 깊이 어른거려
두둥실 떠오른 보름달 만월산을 거니는데

수정같이 정갈한 시내 서린 기원 안다는 듯
냇자갈 품은 물길 부드럽게 걷어안자
산 나무 얼룩진 번뇌 달빛 아래 털고 있네.

강원도 평창 오대산 동쪽 계곡에 있는 **월정사**月精寺를 찾았습니다.

월정사는 신라 선덕여왕 12년(643), 진신사리를 오대산 적멸보궁에 모신 자장율사에 의해 창건되었다 합니다. 절 이름은 오대산 동대에 해당하는 만월산의 '월'과 수정암의 '정' 자에서 땄다고도 하고, 만월산의 정기가 모인 곳이라는 뜻에서 붙여졌다고도 합니다.[19]

오대산은 백두대간의 줄기 중간에 위치해있고 월정사, 상원사, 적멸보궁 등 많은 고찰과 오대산 사고지 등 유적이 있는 곳이며 태백의 검용소와 함께 한강의 발원지인 우통수于筒水가 있는 곳입니다. 오대산은 주봉인 비로봉, 호령봉, 상왕봉, 두로봉, 동대산의 다섯 큰 봉우리에서 이름이 유래되었다는 설과 동, 서, 남, 북, 중대中臺의 다섯 암자에서 유래했다[20]는 설이 있는데, 오대산은 신라시대 고승 자장율사와의 사연과 함께 문수보살의 성지로 알려진 곳이기도 합니다.

자장율사(590~658)는 진골眞骨 출신으로 학문을 깊이 익혔으나 어버이를 여읜 후 처자를 버리고 불문에 귀의해 시체가 썩어 백골이 되는 모습을 보고 덧없음을 깨닫는 고골관枯骨觀을 닦았다 합니다. 그 뒤 당나라로 유학해 문수보살이 머물고 있다는 산서성山西省 청량산(오대산)에서 기도를 올리던 중에 문수보살을 알현하고, 부처님의 뇌사리를 비롯한 진신사리와 가사를 전수받았다고 합니다. 그때 '해동에서 불법을 크게 일으키라'는 말씀을 듣고 귀국한 자장은 사리를 모실 길지吉地를 찾아다니다가, 영축산 통도사, 설악산 봉정암, 태백산 법흥사, 사자산 정암사, 오대산 상원사에 봉안하게 됩니다.

수정처럼 맑은 시내를 끼고 일주문에서부터 단풍과 어우러진 전나무 숲길이 1km 정도 이어져 있습니다. 단풍에 물들지 않고 사철 푸

19) 오대산 국립공원 팸플릿 참고
20) 오대산 국립공원 홈페이지 공원안내 참고

른 전나무는 고집스럽게 불도의 길을 걷는 수행자처럼 느껴졌습니다. 이어 천왕문을 지나고 여느 절과 달리 배치된 금강문을 지나자 사찰 경내로 들어설 수 있었습니다. 팔각구층석탑(국보48호)과 희견보살이 공양하고 있는 적광전의 주불로는 비로자나 부처님이 아닌 항마촉지인을 하고 계신 석가모니 부처님이 자리하고 있었습니다.

단풍이 곱게 물든 만월산을 배경으로 자리한 가람은 단청과 단풍과 시내와 어울려 아름다운 불국토를 꾸미고 있었습니다.

천불산 저 구름아

누구의 간구였나, 천불산에 내린 은혜
천년이 지나도록 불국사랑 변함없고
들리는 찬불가 소리, 가던 구름 멈추네

꿈길에 찾으려던 극락정토 여기인가
천불천탑 소망 서린 부처마을 반가워라
오가는 불자의 행렬 합장정례 거룩하다

석탑에 기댄 기원 그윽하게 담겨있고
시절 맞은 가을 단풍 타는 불심 보이는데
풍상에 젖은 노천불露天佛 돌이끼에 희미해라

옹다문 입이라도 이심전심 알 수 있어
말 없다 굳이 해도 알음알음 서로 통해
산 아래 저 부처마을 고요 속 묻혀있네

손자손녀 아기부처 옹종기 모여있고
할미할배 어버이부처 오순도순 다정해라
못난이 부처가족들 옅은 미소 정겹구나

잠자리 든 석불부부 새벽 아직 멀었는가
세속 어둠 밝히는 해 천년 세월 지나는데
하룻밤 천상天上의 단꿈 깨기 싫어 누웠는가

가을 향기 바람 타고 산야에 가득 서려
붉게 물든 노을만큼 불심 마냥 피어나도
돌아본 부처골 하루 짧은 한 낮 꿈이었네.

전남 화순의 **운주사**雲住寺를 찾았습니다.

운주사는 무등산 줄기 야트막한 천불산 아래에 자리하고 있습니다. 동국여지승람 기록에 의하면 운주사에 천불천탑이 있었다 하는데, 현재는 100분의 돌부처와 21기의 석탑들이 남아있다 합니다. 아직 운주사를 누가, 언제, 어떤 연유로 창건하게 되었는지 모르지만 석불 석탑의 양식과 특징으로 보아 고려시대 사찰로 추정하고 있을 뿐입니다.

전설에 따르면 신라 말 도참설의 대가 도선국사가 새로운 세상을 열기 위해 천상의 석공을 불러 하룻밤 사이에 천불천탑을 세웠다 합니다. 서쪽 야산 '부부와불'은 석공이 천불천탑 중에 마지막으로 조각을 마치고 일으켜 세우려 하는데, 석공의 작업을 남들이 보지 못하도록 밤새 산 입구를 지키고 있던 동자승이 지친 나머지 '꼬끼오'하고 닭 우는 소리를 내버렸다 합니다. 그 바람에 날이 샌 줄로 안 석공이 일을 중단한 채 하늘로 올라가 천년의 세월이 지났어도 아직 누워있다고 합니다.[21] 또 화순 봉하리 수락마을 전설에 의하면, '마고선녀麻姑仙女'가 하늘에서 내려와 치마에 돌을 담아 운주골에서 천불천탑을 세웠다고 하는데 이들 전설은 모두 운주사에 대한 무성한 신비감을 높여주었습니다.

21) 신한국의 여로 9 다도해, 한국일보사, 1989 참고

일주문을 들어서자 마치 야외 전시장처럼 석불석탑들이 즐비하게 늘어서 '천불천탑 운주사'라는 명칭이 허명이 아님을 알 수 있었습니다. 단풍으로 화려하게 채색된 가로수와 천불산의 수림樹林이 타는 불심을 보이는 듯 아름답게 펼쳐진 가운데, 길가 암벽에 놓인 석불을 보니 그간 보아왔던 여느 석불과는 달리 하나같이 못생기고 완성도가 떨어져 머리를 갸웃하게 했습니다.

하지만 이들 부처의 모습에서 온가족이 어울려 오순도순 다정하게 이웃과 함께 살고 싶어 하는 우리 민족의 정서를 읽을 수 있었습니다.

그 기원은 천불산 서쪽바위에 새겨진 '부부와불'에도 전해져, 앞으로 이상세계 구현을 위해 깨어날 그날까지 우리를 대신해 꿈꾸고 있는 듯 보였습니다.

'구름이 머물다 간다'는 뜻을 가진 사찰 운주사雲住寺! 그곳은 불자와 길손의 눈을 호기심과 신비감으로 붙들어 돌아오는 길을 몇 번이고 뒤돌아보게 했습니다.

마라난타

뱃길 따라 오셨는가, 연꽃송이 손에 들고
실크로드 신발 삼아 멀고 먼 서역 떠나
메고 온 빈 바랑 가득 자욱한 티끌 담고자

돛대에 바람 걷어 물결마저 잠든 포구
내디딘 걸음마다 부용화 피어나고
서녘에 드리운 노을 저토록 불타는데

모두 타라 하시는가, 그대의 노 없는 배
파도가 물길 열고 바람이 인도하는,
저 건너 언덕을 향해 같이 가자 하시네

어두움 몰려오면 등불 켜 밝히라며
마음이 머무는 곳 불씨 한 점 나눠 주곤
악몽에 시달리는 밤 깨어나라 하시는가

포구는 옛일 알아 오가는 길 말하는데
걸림 없는 걸음인가, 디딘 자리 흔적 없네
달마가 동쪽 온 까닭, 그대 좇아 왔구려

갖고 온 연꽃송이 어느 곳 심었는가
자식 품듯 안고 있는 모악산 한쪽 기슭
불갑사 꽃피운 향기 산과 들로 나르네.

전남 영광 불갑면 모악산(347.8m) 기슭에 있는 **불갑사**佛甲寺를 찾았습니다.

불갑사는 384년, 백제에 불교를 처음 전래한 인도의 마라난타스님이 법성포를 거쳐 최초로 창건한 절이라 하여 '부처 불佛', '첫째 갑甲'을 붙여 지은 이름이라 합니다. 불갑사는 법성포에서 25km정도 떨어져있습니다.

영광 법성포는 인도 간다라지방(지금의 파키스탄지역) 출신 승려 마라난타가 실크로드를 통해 중국 동진에 이르렀다가, 해로를 통해 백제에 입국하여 최초로 불교를 전파한 곳인데 백제시대 지명은 '아무포阿無浦'로 '아미타불'의 의미를 함축한 명칭입니다. 고려 초에 극락세계의 연화대를 생각하여 '연꽃과 같은 포구'라는 의미로 '부용포芙蓉浦'라 부르다가, 고려 중후기에 '성인이 불법을 들여온 성스러운 포구'라는 의미에서 '법성포法聖浦'로 이름이 바뀌었다 합니다. 따라서, 법성포는 '신령스러운 빛이 내리는 곳'이라는 명칭 '영광靈光'과 함께 불교와 깊은 인연을 맺은 지역이라 할 것입니다.[22]

일연스님은 <삼국유사>에서 다음과 같이 백제 불교의 전래에 대해 밝히고 있습니다.[23]

『백제 15대 침류왕枕流王이 즉위한 갑신년(384)에 인도의 승 마라난타摩羅難陀가 동진東晉에서 오자, 그를 맞이하여 궁중에 두고 예로써 공경했다. 다음해인 을유년(385), 새 서울 한산주(지금의 경기 광주지역)에 절을 세우고 승 10명을 두었다. 이것이 백제 불교의 시초다. 또 백제 17대 아신왕阿莘王은 즉위한 대원 17년(392) 2월에 명령을 내려 백성들에게 불법을 믿어 복을 받도록 했다. 마라난타를 번역하면 동학童學이 된다.』

---

22) 영광군 안내문 참고

23) 한국학 삼국유사신강/하, 강무학역 참고

공원 산책로처럼 잘 닦인 사찰 경내로 들어서자 해탈교를 건너 높이 25m, 지름1m 크기의 상수리나무가 늦가을의 햇살을 받으며 황갈색 잎을 날리고 있습니다. 상수리나무는 도토리가 열리는 참나무의 일종입니다. 임진왜란 피난시절 마땅히 먹을 게 없어 신하들이 선조임금의 진짓상에 도토리묵을 자주 올렸으므로 수라상 위쪽에 올렸다 해서 '상수리'라 불렀다는 유래를 가진 나무이기도 합니다.

불갑사 현판이 붙은 금강문 외벽에 불갑사를 지키는 금강나한이 험상궂은 얼굴로 방문객의 흐트러진 마음을 꾸짖고 있습니다. 금강문을 지나자 뒤쪽 계단 위 천왕문에는 사천왕이 두 눈을 부릅뜨고 어둠에서 깨어나라며 호통치고 있습니다. 이 사천왕상은 고종 7년(1870) 설두스님이 불갑사를 고쳐 지으면서, 목선 4척에 실어 전북 고창 소요산의 폐사된 연기사에서 옮겨온 것이라고 합니다. 조성 년대는 조선 후기(17-8세기)로 보고 있습니다.[24]

사찰의 법회 또는 여름철 스님을 위한 강학 장소로 사용하는 만세루를 지나자 대웅전이 모습을 드러냈습니다. 이 대웅전(보물830호)은 정유재란 때 불탄 것을 중건한 것으로 용마루 중앙보탑에 사리를 모신 독특한 양식을 하고 있으며, 불당에는 항마촉지인을 한 석가모니 부처님을 중심으로 좌측에 아미타불, 우측에 약사여래불의 삼존불이 모셔져 있습니다.

삼존불의 불단배치는 대웅전 중앙 문을 열면 정면으로 앉은 모습의 여느 절과 달리, 좌측을 향하고 있는 남방불교 양식의 특징을 보였고, 대웅전 좌우로 명부전, 팔상전, 문수전, 종각 및 스님들의 수행공간인 일광당 등 전각과 요사가 자리했습니다. 가을 단풍과 같은 고운 단청이 물든 대웅전 주련은 다음과 같은 게송으로 부처님을 찬미하고 있습니다.

---

24) 불갑사 사천왕상 안내문 참고

佛身普遍十方中 (불신보편시방중)

부처님 몸 시방세계에 두루 미치시니

三世如來一體同 (삼세여래일체동)

삼세의 모든 부처님 한 몸 같으시네.

廣大願雲恒不盡 (광대원운항부진)

넓고 크고 두터운 원력 언제나 다함없고

汪洋覺海妙難窮 (왕양각해묘난궁)

바다같이 넓은 깨달음 묘하여 알기 어렵네.

불갑사는 상사화相思花의 자생지로도 잘 알려진 곳이었습니다. 수선화과에 속하는 꽃무릇은 8~9월에 꽃이 피며 잎이 있을 때는 꽃이 없어 잎은 꽃을 생각하고, 꽃이 피었을 때는 잎이 없어 꽃은 잎을 생각한다 하여 상사화로도 불린다고 합니다. 이루지 못한 사랑을 의미하는 그 애틋한 사연은 다음과 같았습니다.[25]

『옛날 효성이 지극한 한 처녀가 있었다. 부모님이 돌아가시자 처녀는 부모님의 극락왕생을 위해 절에서 탑돌이하며 100일 기도를 드렸다. 그때 이 모습을 지켜보던 젊은 스님이 흠모하게 되었다. 마침내 처녀가 기도를 다 마치고 떠나가니 이 처녀를 잊지 못한 스님은 그리워한 나머지 덜컥 마음에 병을 얻어 세상을 뜨고 말았다. 이 스님의 무덤가에 언제부터인가 꽃이 피었는데, 이 꽃은 잎이 지고나면 꽃대가 쑥 자라 꽃이 피어 꽃과 잎이 서로 만나지 못하는 게 아닌가? 사람들은 이 꽃이 스님의 애절한 사랑을 전하는 듯하다하여 상사화라 했다.』

이 꽃의 전설은 마치 불법佛法을 얻기 위해 수행하는 스님들의 구도 이야기처럼 들렸습니다. 이번 사찰 방문은 늦은 계절 탓에 꽃무릇의 장관을 볼 수 없었습니다. 대신 사찰 한 구석의 감나무가 잎을 다

25) 불갑산 상사화 영광군 안내판 참고

떠나보내고 알감만 댕그라니 매단 채, 상사화 사연을 전하는 듯했습니다.

제 4 부

▲ 속리산 법주사 암자 '동암東庵'

바람이 매섭습니다
생명이 왕성하던 대지는
이제 꽁꽁 얼어붙어
숨소리조차 멎은 듯합니다

봄, 여름, 가을을 달려온
만물의 고단한 여정을 알기에
겨울은 이렇게 잠시 쉬도록
추위를 내리나 봅니다

그런 중에도 뭇 생명은
차분하게 봄을 꿈꾸고
준비하며
동면에 들어 있습니다

번뇌와 고난은 겨울처럼
내일을 위해
꿈을 잉태시키는
묘약인가 봅니다.

간월도 가는 길

누구는
쪽배 타고 간월도 간다하고
또 누구는
걸어서 다녀왔다고들 하네
섬인가, 땅덩이인가
가는 이마다 다른 그곳

누구는
섬도 되고
시절 따라 육지라며
구름 걷고 고개 내민 보름달
가리키네
간월돈 법수法水가 토한
바라밀波羅密의 나루터인가

충남 서산 앞바다에 있는 **간월도**를 찾았습니다.

간월도는 서산시 간월도리에 있는 작은 섬으로 밀물이 들어오면 작은 섬이 되고 물이 빠져나가면 길이 열려, 피안을 향한 나루터가 간월암을 향해 열려있는 것처럼 신비감을 높여주는 곳입니다.

간월도의 간월암看月庵은 태조 이성계를 도와 조선 건국을 도운 왕사 무학대사와 사연이 얽힌 곳으로, 대사가 나옹스님의 제자가 되어 이곳 간월암에서 수도하던 중, 문득 달을 보고 득도했다 하는데 달을 보고 깨달은 초막 암자란 의미로 '볼 간看', '달 월月', '암자 암庵'이라 이름지었다 합니다.

같은 달을 보고서도 생각이 많은 만큼 표현이 다를 수 있습니다. 보통 '달!' 하면 추석이 생각나고, 이태백도 생각나고, 부처님의 본생담과 계수나무 아래 절구 찧는 토끼도 생각날 것입니다. 아니면 사랑하는 갑순이를 딴 곳에 시집보내고 달보고 후회하며 하염없이 눈물 흘렸다는 갑돌이 생각도 날 수 있습니다. 저마다 걸어온 길과 환경이 다르기에 어찌 달에 대한 감흥과 정서가 같을 수 있겠습니까?

그런데 한자로 간월看月을 풀어보면 看(볼 간)이 눈目에 손手을대고 보는 형상이니, 간월은 '손가락으로 가리켜서 달을 보았다'는 의미가 될 것입니다. 이는 고려조 '보조국사 지눌'이 정혜결사문定慧結社文에서 말씀하신 지월불분指月不分 곧, 손가락과 달을 구분 못한다, 다시 말하면 손가락으로 달을 가리키는데 달은 못보고 손가락 끝만 본다는 뜻이니, 성철스님이 제자를 꾸짖기 위해 말씀하셨다는 견지망월見指忘月 곧, 손가락을 보면서 달 보는 것을 잊었다. 즉 보라고 가리키는 달은 안 보고 손가락을 본다는 뜻을 생각나게 합니다.

무학대사는 손가락으로 가리킨 달을 제대로 보았으므로 깨달음을 얻은 것입니다. 그 달은 본래 성품(마음)을 상징한 말로 부처님이 말씀하신 진리를 나타내는 것이라 하는데 대사는 간월도에서 마음자리를 본 것見性이니 우주를 꿰뚫는 지혜를 얻어 우주와 하나 되는 깨달음을 얻은 것입니다. 그러므로 대사의 법명法名 무학無學이란 배운 게 없는 무식쟁이라는 뜻이 아니고 다 알아 배울 게 없는 도승이란 뜻이 됩니다.

이렇게 밤하늘에 뜬 달은 초승달일 수도, 반달일 수도 보름달일 수도 있지만 항상 같은 달도 어떻게 보느냐에 따라 이토록 결과가 다를 수 있는 것입니다. 과연 우리는 달을 제대로 보고 있는 것인지? 달을 보라고 손가락으로 가리키면 손가락만 보며 달을 본 것으로 착각하는 건 아닌지? 간월도는 많은 생각을 잠기게 했습니다.

물그림자

하늘에 소망 빌던 깊은 산 오목 분지盆地
천축산 눈썹삼아 연못 그려 눈을 뜨네
그윽이 비끼는 햇살 실물결에 눈부시다

부스스 실눈 비빈 맑디맑은 수면 위로
바람 쫓는 낙엽 따라 잔물결 찰랑찰랑
언저리 시들은 창포 깃든 고요 깨우네

길 떠난 산 그림자 적막 찾아 스며들자
잔잔한 수면 아래 만상萬象 가득 떠오르고
접몽蝶夢 속 나니는 낙엽 온갖 근심 날리나

꼭 껴안은 천지만물 거울 보듯 두렷코나
곤두선 용궁세계 딸려있는 허공 속엔
오뚝이 합장한 바위 삼매 든 듯 꼼짝 않네

사계는 바뀌어도 한결같이 맑은 못물
호불호 분별 있나, 무아경 펼친 세계
활짝 핀 만다라 꽃은 천수국 보냈을까

추울 때 발가벗고 더울 때 옷 껴입듯
걸림 없는 무위자연 시절 따라 수행하는
빙 둘러 연못 감싼 뫼 가부좌 틀고 있다

옥돌 뒹군 불영계곡 맑은 물 넘쳐나고
만년세월 일군 골짝 무릉도원 꾸미는데
졸졸졸 시냇물 소리 신선된 듯 노래하네.

울진 천축산天竺山에 자리한 **불영사**佛影寺를 찾았습니다.

불영사는 신라 진덕여왕 5년(651), 의상대사가 창건한 고찰로 서쪽 산등성이에 부처님 형상을 한 바위가 절 앞 연못에 비친다하여 불영사라고 했다 합니다.

불영사는 '조선 숙종의 계비 인현왕후(1667~1701)가 장희빈의 음모로 폐위되어 궁중에서 쫓겨나 서인庶人이 되었을 때 자진自盡하려 했으나 이 절 양성당선사가 꿈에 "죽으면 안 된다."고 현몽하여 살아남아 왕후로 복위되었다는 전설과, 또 이곳의 현령 백극제白克齊가 전염병으로 급사하자 그의 부인 이씨가 이 절 응진전에서 지극한 기도공덕을 올려 환생하였다'는 등 설화를 간직하고 있습니다.[1)]

울진에서 15km 가량 이어진 선경仙境의 불영계곡을 지나 천축산 불영사에 닿을 수 있었습니다. 천축산은 산세가 인도의 천축산과 비슷하다고 하여 붙여진 이름인데, 천축산이 감싼 분지盆地에 아담하게 자리한 불영사는 비구니승 수도도량으로, 절 앞의 맑은 연못이 마치 오랜 세월 기원 드려 눈을 뜬 천축산 눈동자인 듯 하늘을 가득 담고 있었습니다.

바람을 쫓아 이리저리 뒹구는 낙엽, 잔잔한 물결이 햇빛에 반사되어 눈이 부신 물비늘......., 바람이 잠들자 연못은 천축산을 품고 불영

1) 안내판 설명문 참고

사를 껴안으며, 아무것도 가리지 않는 실상 그대로 모든 것을 끌어안았습니다. 물구나무선 하늘과 대자연 그리고 마치 나비인양 날아서 연못에 떨어지는 낙엽들.......

그곳에는 용궁이 있고 정토낙원이 있었습니다. 그리고 반야에 빠져 있는 연못이 있었습니다.

눈길

산길 덮은 눈 더뎅이 따뜻한 품 그리운가
언 가슴 풀지 못해 빙판길 이루었네
스쳐간 나그네 수심 대신 안고 있는가

보송하던 본래 모습 발길 차여 간 곳 없고
도드밟힌 하얀 속살 앙금처럼 눌려있네
해마저 고개 돌리자 샐쭉 토라졌는가

전생에 단비로 와 금생에 눈으로 된
시절로 바뀐 운명 한숨지어 무엇할까
때 되어 봄볕 만나면 쌓인 상심 풀어보게

잔설마저 자리 뜨면 머문 흔적 남게 될까
오고가는 길손처럼 바람결 떠날 것을
공연한 푸념만 남아 업장 한 겹 얹었구려

절 지붕 추녀 끝서 곡예 하는 저 고드름
독경소리 심금 울려 꽁한 마음 풀고 있나
목탁 음 장단에 맞춰 낙수 뚝뚝, 떨어지네

불당에 켜진 촛불 누굴 위해 기도하나
길 찾다 잠시 머문 나그네 애처로워
허공에 묻고 온 세월 돌아보라 하는가.

충북 제천의 월악산 남쪽 기슭에 자리한 **덕주사**를 찾았습니다.

덕주사는 신라 제26대 진평왕 9년(587) '월악사月岳寺'라는 이름으로 창건되었으나 신라가 멸망한 후 신라 56대 경순왕의 장녀 덕주공주가 월악산에 머물며 덕주사德周寺로 개칭했다 합니다.[2)]

월악산은 충주, 제천, 단양과 경북 문경에 걸쳐있는 험한 산(영봉 1,097m)입니다. 삼국시대에는 '영봉에 떠오르는 달의 모습이 뛰어나다' 하여 월형산月兄山이라 했고, 후백제 견훤은 이곳에 궁궐을 지으려다가 무산되어 와락산이라 하다가 와락산을 잘못 발음하다보니 월악산으로 변했다는 설도 있으나, 언제부터인가 '달이 뜨면 달이 주봉인 영봉靈峰에 걸린다'하여 월악산月嶽山으로 부르고 있다 합니다.[3)]

월악산 남쪽에 걸쳐있는 산성은 덕주공주가 쌓은 성이라 합니다. 덕주공주는 망국의 한을 달래며 영봉을 오르는 산 중턱 커다란 암벽에 마애불을 조성하여 아버지 경순왕의 무운을 기원했고, 마의태자는 금강산으로 가던 길에 이곳에 들러 마애불 가까이 석굴을 만들어 불상을 두고 덕주사로 향하게 했다는 애틋한 전설이 있습니다. 이러한 사연을 아는 듯 가수 주현미가 부른 '월악산'이라는 가요는 마의태자와 덕주공주의 가슴 아픈 사연을 대신 합니다.

『월악산 난간머리 희미한 저 달아
천년사직 한이 서린 일천삼백 리 너는 아느냐
아바마마 그리움을 마애불에 심어놓고 떠나신 우리 님을
월악산아, 월악산아, 말 좀 해다오, 그님의 소식을!

금강산 천리 먼 길 흘러가는 저 구름아
마의태자 덕주공주 한 많은 사연 너는 아느냐

---

2) 덕주사 홈페이지 참고
3) 월악산 국립공원 홈페이지 참고

하늘도 부끄러워 짚신에 삿갓 쓰고 걸어온 하늘재를
월악산아, 월악산아, 말 좀 해다오, 그님의 소식을!』

덕주사는 월악산국립공원사무소 들머리에서 마애교를 지나 멀지않은 거리에 있습니다. 마애교에서 덕주사 방향으로 잠시 오르니 덕주산성이 놓여있고, 길옆에는 살얼음이 핀 맑은 계곡이 흐릅니다. 길에 얼어붙어 빙판을 이룬 눈은 전생에 빗물로 이 땅을 찾아왔으나, 금생에 눈이 되어 나그네의 발길에 차이고 다져지는 고통을 겪고 있는지 모릅니다. 길을 덮은 눈은 마치 소를 찾기 위해 한 가닥의 흔적이라도 찾으려 애쓰는 수행자의 마음을 덧칠하는 번뇌처럼 느껴졌습니다.

덕주사의 대웅전에는 석가모니 부처님을 주불로 모신 여느 절과 달리 비로자나 부처님을 주불로 석가모니 부처님과 노사나 부처님을 협시불로 모시고 있었습니다.

월악산을 오르며 덕주공주와 마의태자의 한 서린 응어리가 봄볕에 눈 녹듯 풀어지길 기원해보았습니다.

각수刻手의 꿈

장엄한 불법세계 판각 속 담고 있는
장경각 팔만장경 두 손 모은 사이사이
각수장 눈물의 기원 햇발타고 은은하다

곰살맞은 처자식 다가오듯 눈 밟히는
어리마리 꿈결인가, 고향산천 삼삼이고
돌아 본 어깨 너머엔 먹먹한 산 길을 막네

비나이다, 세세손손 고려국 만수무강
일가식솔 무탈하게 불국토 내리소서
듣는가, 호국염불 소리 꿈꾸는 안양세계

가슴 가득 불심 실어 바투 잡은 칼날 끝에
보고픈 임 떠올리듯 한 획 한 획 새긴 글자
어느덧 돋아난 봄날 아지랑이 아롱진다

휘도는 손길 따라 연화국 피어나니
꽉 찬 마음 비웠는가, 사각사각 깎이는 번뇌
아상我相이 누웠던 자리 목편 수북 쌓였네

거센 파도 일던 사바 어느덧 잔잔해져
둥근달 떠오르니 수심 함께 잦아드네
어둠속 드러난 바다 달그림자 환하다.

경남 합천 **해인사**海印寺를 찾았습니다.

해인사는 소백산맥의 한 지맥인 가야산伽倻山(1,430m) 자락에 있는 법보 사찰입니다. 신라 제40대 애장왕 3년(802)에 의상대사의 법손法孫인 순응대사와 이정대사가 가야산 토굴에서 정진 중에 왕후의 불치병을 법력으로 치료해준 인연이 있어 국왕이 은혜에 보답하는 뜻으로 창건하였고, 그 후 신라 말 930년경 화엄학의 대가인 희랑스님이 고려 태조太祖의 복전福田으로 고려건국을 돕자 태조의 헌납으로 크게 중창 되었다 합니다. 또 가야산은 석가모니부처님이 수행하던 인도 부다가야의 가야산을 닮았다 해서 붙여진 이름입니다.

해인사의 해인海印은 '대방광불화엄경'에 나오는 '해인삼매海印三昧'에서 유래한 것으로 바다에 온갖 사물의 그림자가 도장 찍은 것처럼 비춰 부처님의 지혜 바다에 온갖 만법이 드러남을 의미한다 합니다. 이는 거친 파도, 곧 중생의 번뇌 망상이 멈출 때 비로소 우주의 갖가지 참된 모습이 그대로 물 속海에 비치는印 경지를 말하는 것으로 이렇게 여실如實한 세계가 바로 부처님의 깨달은 모습이요 우리 중생의 본디 모습이라는 가르침을 뜻한다는 것입니다.

해인사를 불보사찰 통도사, 승보사찰 송광사와 더불어 삼보사찰의 하나인 법보사찰로 부르는 것은 세계문화유산에 등재된 해인사 대장경판전에 고려대장경이 보관되어 있기 때문이며 이를 '팔만대장경'이라고 하는 것은 대장경의 장경판수가 팔만여장(81,258매)에 이른다는 점에 착안 할 수도 있겠지만 불교에서 아주 많은 부처님의 가르침을 팔만사천법문이라고 하는 데서 비롯했다고 할 수도 있을 것입니다. 고려대장경은 처음에 강화도의 선원사에 만들어 모셔졌으나 왜구의 노략질이 심해 서울의 지천사로 옮겼다가 그 뒤 조선 태조 때(1398) 해인사로 옮겼다 합니다.[4)]

---

4) 해인사 홈페이지, 안내문, 네이버지식in 해인사 장경판전에 숨어있는 과학의 비밀 nobopark 참고

우리나라 영산이며 천하명산이라는 가야산에 자리한 해인사! 성보박물관에서 일주문까지 1km가량 오솔길이 펼쳐져있습니다. 길옆으로 고목과 시내가 어우러진 경관이 눈길을 사로잡습니다. 쉬엄쉬엄 발길을 옮기다보니 영지影池 우측에 성철스님의 사리탑이 자리하고 일주문과 봉황문(천왕문) 사이에 해인사 창건할 때 기념식수한 것으로 전해지는 우람한 고사목 둥치가 해인사의 장구한 역사를 말해주듯 까맣게 그을려있습니다. 이 느티나무는 1945년 수령을 다하고 고사했다 합니다. 이어서 해탈문, 구광루를 지나자 화엄경의 상징인 법신불 비로자나 부처님을 모신 대적광전이 모습을 드러내고 그 뒤로 팔만대장경을 보관한 장경판전이 자리했습니다.

직사각형 형태의 장경판전에 보관된 대장경은 한겨울임에도 창살사이로 따사로운 햇살을 받으며 가지런히 꽂혀있습니다. 장경을 감상하다보니 그 규모에 압도되는 한편, 노부모와 처자식을 고향에 두고 간절하게 나라의 안녕과 가족의 무탈함을 가슴에 새기듯 판각板刻에 매달렸을 각수장이 모습이 선하게 떠올랐습니다. 그분들이 다 떠나 한 줌 흙으로 돌아간 지금, 그 정성에 감동한 하늘이 그들의 기원이 헛되지 않게 그 많은 전란을 겪으면서도 이토록 대장경을 남겨두었고 그로 인해 후손인 우리가 오늘에 이르러 복락을 받는 것 아니겠습니까?

대적광전 옆쪽에는 신라 말 한림학사 고운 최치원 선생의 학사대學士臺 전나무가 있습니다. 고운은 만년에 벼슬을 버리고 가야산에 은거할 때 제자들에게 지팡이를 꽂으며, “내가 살아 있다면 이 지팡이 또한 살아 있을 것이다. 부디 학문에 열중하도록 해라.”하는 유언을 남기고 지금의 홍제암 뒤 진대밭골로 유유히 사라졌다 합니다.

그래서일까? ‘지팡이 나무’라고도 불린다는 수령 1000년의 이 전나무는 고운이 역사에서 아직 살아있음을 알리고 싶은 듯 독야청청 빛을 발하고 있었습니다.

허공虛空

나뭇잎 떠난 자리 상처 이제 아물었나
옹이진 가지마다 슬픔 자못 담겨있어
북풍에 온몸 부르르, 탄식소리 드높다

길가에 큰 소나무 늘 푸르다 자랑 말게
헝클어진 얼굴 가득 옹송그려 시퍼렇고
솔잎이 머리 짓눌러 등허리 다 굽었네

사바계 몸 둔 만물 평생 고통 달고 사니
메고 온 짐 벗는 그날 살아생전 펼쳐질까
곡소리 바람에 날려 산과 들로 퍼진다

서럽게 우는 나무 한쪽 마음 위로코자
눈꽃 실어 주시려나, 눈보라 흩날리네
은구슬 하늘 가득이 하이얗게 내리더니

가지에 앉은 눈꽃 피는 듯 스러지고
나뭇잎 쉬던 흔적 눈앞 다시 삼삼이네
머물 듯 스쳐간 자리 허공 한 점 남기나.

경북 안동 천등산天燈山 남쪽 기슭에 있는 **봉정사**鳳停寺를 찾았습니다.

봉정사는 신라 문무왕 12년(672)에 의상대사의 수제자 능인대사가 창건했다 합니다. 능인대사가 젊어서 대망산 정상 아래쪽 바위굴에서 열심히 수행할 때 그의 수행에 감복한 천녀가 하늘에서 등燈을 내려 불편 없이 정진할 수 있도록 도왔는데, 그로 인해 산 이름을 천등산天燈山으로, 수행하던 바위굴을 천등굴天燈窟로 부른다 합니다. 능인대사가 마침내 도를 깨우친 뒤 종이로 봉鳳을 접어서 도력으로 날려 이 종이새가 내려앉은 자리에 절을 짓게 되니 절 이름을 봉鳳이 머무른停 자리에 지은 절寺이라 하여 봉정사라 했다 합니다.5)

봉정사는 많은 문화재를 보유하고 있어, 국보 15호인 극락전은 통일신라시대의 건축양식을 지닌 현존하는 우리나라 가장 오래된 목조건물로 알려져 있습니다. 1972년 실시한 보수공사 때 발견된 상량문에 의하면 극락전 건립 후 첫 수리를 고려 공민왕 12년(1363)에 했다 하는데, 목조건물은 통례적으로 100~150년이 지나서 중수重修하므로 건축시기를 1200년대로 본다는 것입니다. 극락전은 사람인人자의 맛배지붕에 배흘림기둥, 중앙에 출입문이 하나인 독특한 양식을 하고 있습니다.

극락전 옆에 있는 스님들의 선방인 고금당古金堂 주련에는 청나라 3대 세조 순치황제의 출가게出家偈 일부가 붙어 있습니다. 야사에 의하면 황제는 전생에 인도의 수도승으로 당시 왕의 폭정에 백성들이 시달리는 것을 보고 "내가 왕이 되면 백성을 위해 왕도 정치를 펼칠 것이다"하고 서원했다 하는데, 그 때문일까? 그 수도승은 다음 생에서 청나라 황제가 되었다는 것입니다. 그러나 황제는 중국 중원을 통일한 위대한 황제로 기록되면서도 수많은 살생을 하게 되어 마침내 자

5) 천등산 봉정사 팸플릿 참고

리를 버리고 출가했다 합니다.

> 未生之前誰是我 (미생지전수시아) 이 몸 나기 전에 그 무엇이 내 몸이며
> 我生出後我爲誰 (아생출후아위수) 세상에 태어난 뒤 내 과연 뉘이런가.
> 長大成人纔是我 (장대성인재시아) 자라나 성인됨에 잠깐 동안 내라더니
> 合眼朦朧又是誰 (합안몽롱우시수) 눈감으면 몽롱해진 그대 또한 뉘이신가.

많은 국보와 보물 및 문화재를 간직한 봉정사는 창건설화 만큼 수많은 이야기 거리를 역사와 함께 간직하고 있어 해설사로부터 사연을 들으며 한 겹 한 겹 의혹을 벗길 수 있었습니다. 그때 매서운 한풍이 천등산에 휘몰아 쳤습니다.

광풍이 일자 앙상해진 나무들은 마치 울고 싶은데 빰을 맞은 것처럼 통곡소리를 내며 떠나보낸 나뭇잎을 못내 설워했습니다. 그때 하늘이 먹먹해지더니 순식간에 눈보라가 일었습니다. 하늘은 하얀 눈을 펑펑 쏟아 슬픔에 덮인 나무들의 상처를 어루만지고 눈꽃으로 포근히 감싸고자 했습니다. 하지만 아쉬움만 남기고 곧 그치고 마는 눈보라......

앙상한 가지에 대신 피우려던 눈꽃은 이내 흔적이 없어지고 허공만 가득 피웠습니다.

빈 마음

오어사 앞 반야호般若湖 누구 마음 맑히시려
한겨울도 푸른 하늘 산 그림자 담으시나
밝은 달 바람에 띄워 동안거 마치시렴

거울처럼 맑은 호수 빈 산 하늘 가득 품어
물오리 물고기 떼 뭇 생명 살리려고
자비심 담은 바라밀 물둑 위로 넘치네

차란차란 쉴 새 없이 새 계곡물 받는 것은
고인 물 탐심 벗어 차례차례 내려보내
비우고 남은 빈자리 허공 채우고 싶음인가

호숫가 낙목공산 수미산 꿈꾸시나
산허리 여기저기 하얀 눈 덮고 있네
다가올 새봄 그리려 빈 화선지 됐구려

승탑僧塔 두른 대나무 고승 마음 전하고자
번뇌망상 마디삼아 빈 맘으로 심 채웠나
사시절 푸르른 댓잎 평생 청심 내보이네

내 물고기 네 물고기 가린들 무엇 할까
수행으로 이룬 도심 호수처럼 비치는데
멀고 먼 아누보리阿耨菩提 길 만리 밖에 서있네.

경북 포항 운제산 기슭에 자리한 **오어사**吾魚寺를 찾았습니다.

오어사는 신라 26대 진평왕(재위 579~632) 때 창건된 사찰로 당시에는 갠지스강의 모래를 뜻하는 항사사恒沙寺라 하였으나, 혜공대사와 원효대사와의 다음과 같은 전설로 오어사가 되었다 합니다.

『신라 10성聖의 한 분인 혜공대사는 술과 춤을 좋아한 기승奇僧으로 만년에 항사사에 있었으며 원효대사가 <제경소諸經疏>를 찬술함에 있어 자문을 해 주었는데 하루는 혜공과 원효가 계곡에서 뛰노는 고기를 잡아먹은 뒤 그 고기를 다시 법력으로 살려내는 내기를 했다. 이에 고기를 잡아먹고 동시에 같은 시내에 토해내자 한 마리는 죽고 한 마리만 살아 움직이는지라 두 스님은 서로 살아있는 것이 자기의 물고기(吾: 나 오 , 魚: 물고기 어)라 주장했다. 이 일로 항사사는 오어사로 부르게 되었다. 또 운제산은 혜공, 원효 두 스님이 오어사에서 수도할 때, 계곡을 사이에 두고 구름雲 사다리梯로 서로 오가고 했다 하여 붙인 이름이라하고, 신라 제2대 남해왕의 비, 운제부인의 성모단聖母壇이 이 산에 있어 부인의 이름을 따서 붙였다고 한다. 운제산에는 옛날 혜공, 자장, 의상, 원효대사가 수도한 암자가 있었다고 하나 현재에는 자장암과 원효암만 남아있다.』[6)]

1961년에 건설된 오어지는 둑 길이 138m, 만수滿水 면적 41ha로 인근지역 용수를 공급하는 큰 저수지입니다. 1995년 11월 준설공사 때 고려 고종 3년(1216)에 조성된 보존상태가 양호한 동종銅鐘이 출토되었는데 이 동종은 오어사 유물전시관에 전시되어있습니다.

오어지가 한겨울에도 주변 산과 하늘을 가득 담은 채 맑은 물빛을 반사하며 오가는 사람을 반기고 있습니다. 한쪽에서 여러 지류로부터 흘러내린 계곡물을 받고 있는 오어지는 다른 한쪽에서 계속 저수지를 비웠고, 낙엽 져 앙상해진 산은 하얀 눈에 덮여있어 새봄맞이하고 싶

6) 포항시 관광안내문 참고

은 듯 빈 화선지가 되어있었습니다.

오어사는 고승들과 얽힌 전설로 절 이름을 얻었지만 한편으로 고승들은 나름대로 갈고 닦아야 하는 수행 길이 멀고 아득하기에, 자신의 법력이 죽은 물고기처럼 아직 부족하다는 것을 알아 서로 죽은 물고기를 내 물고기吾魚라고 외쳤을지도 모를 일입니다. 그러기에 부도를 둘러싸고 있는 대나무 숲은 고승들의 마음을 기려 마디마다 텅 빈 마음을 가득 채우고 있는 것 아니겠습니까? 더 높은 깨우침을 사모하여 보다 높은 산봉우리에 지으려 했을지도 모를 자장암과 원효암. 그 암자 아래에는 낮은 산봉과 계곡, 오어지가 한눈에 들어와 반야세계를 눈앞에 펼치는 듯했습니다.

지금 이러한 산경에 매료되어 마음을 뺏기고 있는 것은 그간 눈으로 보는 것마다 모두 탐심으로 바꿔온 이욕利慾 세계에 익숙해져 눈이 먼 때문일까요?

내 마음

세상 허물 덮으시려 하얀 눈 내리는가
깨끗해진 만상萬相들 흰빛으로 보이는데
옷섶에 가려진 염심染心 제 빛 언제 찾을까

무심코 지나온 길 비뚤배뚤 선명하여
밟힌 눈 남긴 흔적 인생 험로 담고 있네
보일보步一步 덧쌓인 업보 눈덩이로 커진다

고목 위 까치둥지 허공 안고 비었는데
참 마음 사는 거처 아상我相 가득 차있구나
한설寒雪에 갑옷을 입고 손에 든 창 무섭다

눈보라 날린 바람 누구 마음 흔드는가
석탑에 걸린 풍경 빈 맘 울려 전하련만
사바계 물든 이 가슴 옷 여미기 여념 없다

부처님 가피력에 호법선신 파수하여
세속 감싼 참 사랑 눈 내리듯 덮이련만
대웅전 떠받친 기둥 주름으로 목 타네.

충남 예산의 **수덕사**를 찾았습니다.

수덕사는 백제 위덕왕(재위 554~598) 때 창건된 것으로 보고 있으며 영주 부석사의 무량수전, 안동 봉정사의 극락전과 함께 국내 최고의 목조건물인 대웅전(보물 49호)과 그 외에 많은 문화재를 보유하고 있습니다. 고려 충렬왕 34년(1308)에 건축된 대웅전은 사람 인人자의 맛배지붕과 중간이 굵고 위 아래로 가늘어지는 배흘림기둥을 갖춘 뛰어난 조형미의 건축물로 알려져 있습니다.

중국 사서에 오른 유일한 백제 사찰로 명맥을 잇고 있는 수덕사[7]는 창건 배경은 알려지지 않은 채, 다만 다음과 같은 창건설화가 전해지고 있습니다.[8]

『옛날 홍주마을에 '수덕'이란 도령이 있었다. 이 도령은 좋은 가문의 대부호 아들로 어느 날 사냥을 갔다가 먼발치에서 한 낭자를 보고 사랑에 빠지게 되었다. 오매불망 그리워하다 상사병에 걸린 도령은 수소문하여 그 낭자가 건너 마을에 홀로 사는 '덕숭'이라는 것을 알고 기쁜 마음으로 청혼했다. 하지만 거절당하자 이윽고 낭자의 집 근처에 절을 지어주는 조건으로 청혼을 허락받았다. 도령은 절을 지으며 탐욕스런 마음을 버리지 못하자 낙성식을 앞두고 불에 타버렸다. 낭자는 "오직 중생과 부처님에 대한 간절한 마음으로 절을 지으십시오." 하고 당부했다. 그 뒤 우여곡절 끝에 낙성식을 하게 되어 낭자는 마지못해 결혼은 했으나 도령이 손을 대지 못하게 했다. 애가 탄 도령이 참지 못하고 방에 들어간 낭자를 강제로 끌어안으려 하는 순간 뇌성벽력이 일더니 낭자는 버선 한 짝만 남기고 큰 바위 속으로 사라졌으니, 이 낭자는 관음보살의 현신이었던 것이다. 이후 봄이 되면 바위틈에서 버선과 닮은 꽃이 피었는데 이를 '버선꽃' 또는 '골단초'라 했다. 이후 절 이름은 수덕도령의 이름을 따서 수덕사, 산 이름은 낭자의 이름을 따서 덕숭산이라 했다.』

---

7) 수덕사 안내문 참고
8) 수덕사 홈페이지 창건설화 참고

사연이야 어떻던 '덕을 닦는다'는 뜻의 수덕修德은 부처님의 가르침입니다.

덕德은 파자破字에서 알 수 있듯이 '행함(彳)이 열 사람(十)의 눈(目, 눈목을 옆으로 누임)으로 봐도 한(一) 사람이 보는 것과 같다'는 의미이고 德의 고자古字인 悳으로 봐도 곧을 직直에 마음 심心이니 덕이란 '행함이 착하고 바름'을 의미한다 할 것입니다.

따라서 '바른 마음으로 행하는 것'을 덕으로 볼 때 '악한일 하지 않고諸惡莫作 착한일 하고衆善奉行, 스스로 마음을 깨끗이自淨其意하는 것이 불교이므로是諸佛敎' 수덕修德 곧, 바른 마음을 닦음이란 바로 부처님의 가르침이 아니겠습니까?

눈보라 속의 수덕사는 창건 이래 대웅전의 목조기둥에 파인 굵은 주름만큼 오랜 세월 불심을 전했으나, 대웅전 앞마당 고목 위 까치집 빈 것은 보면서 오히려 추울세라 옷섶을 채우고 갑옷처럼 두툼하게 두르고 있는 스스로를 돌아보며 심란한 마음을 가눌 수 없었습니다.

상념想念

눈부신 오후 햇발 산사 가득 내리는데
싸늘한 산골바람 쉴 새 없이 불어오네
까칠이 마른 산 나무 봄소식이 그립다

곧게 자란 전나무 숲 살바람 가로막다
파리해진 잎새마다 소름 돋아 가시섰네
나뭇잎 보내기 싫어 대신 고한苦寒 겪는가

묵은 잎 다 떼내고 홀딱 벗은 산벚나무
진 자리 허공 실어 바람결 파르르 떨다
실가지 손이 시려워 호호 불어 발개졌네

가지마다 세월 입어 검게 탄 느티나무
짙은 주름 나무껍질 봄꿈 그려 뒤척이다
검버섯 이끼 덮고서 푸른 시절 꿈꾸시나

나무 그늘 기다랗게 절 마당 내리는데
반쯤 열린 불당 문에 잔 별 총총 스며드네
간절한 만물의 소원 촉영燭影에 나부낀다

그림자 뒤를 쫓아 어둠이 찾아오면
햇살이 남긴 온기 가지 끝 남아있어
가려운 가지 갈라서 새 생명 지피려나

부는 바람 이는 번뇌 풍경 울려 알리는데
산수유 움튼 망울 저민 망상 피우시네
불당엔 촛불 외로이 남은 수심 태운다.

전북 부안의 **내소사**來蘇寺를 찾았습니다.

내소사는 내장산, 월출산, 지리산, 천관산과 함께 호남 5대 명산 중 한 곳이라는 능가산(변산, 영주산, 봉래산) 기슭에 자리하고 있습니다.

백제 무왕 34년(633) 혜구두타스님이 창건하여 소래사蘇來寺라 하던 이 절은 임진왜란 때 대부분 소실되어 조선 인조 11년(1633) 청민선사가 중건했다 합니다. 일설로 당나라 소정방이 와서 절을 세웠다거나 소정방이 절에 들러 시주했기 때문에 내소사來蘇寺로 부른다는 등 근거가 없는 이야기도 있으나, 조선 성종 11년(1486)에 간행된 <동국여지승람>이나 최자의 <보한집補閑集>, 이규보의 <남행일기南行日記> 등에도 창건 당시의 '소래사'로 되어있어 '내소사'로 바뀐 것은 조선시대 중엽이나 후기의 일로 보고 있습니다.[9]

그러므로 내소사는 '여기에 오시는來 모든 분들의 바램이 소생蘇生하소서' 하는 원력을 싣고 있다 할 것입니다.[10] 청민선사가 중건한 대웅전(보물 제 291호)에는 다음과 같은 전설이 전해오고 있습니다.

『어느날 청민선사가 사미승을 불렀다.

"너 일주문 밖에 좀 나가 보아라. 누가 와 있을 것이니 짐을 받아 모셔오도록 해라."

---

9) 신한국의 여로 7 내장사, 한국일보사, 1989 참고
10) 내소사 팸플릿 참고

사미가 나가보니 과연 남루한 나그네가 누워있는지라 모셔왔다. 그는 목수였다. 그 다음날부터 나그네는 대웅전을 지을 나무를 찾아 기둥감과 중방감을 켜고 작은 서까래를 다듬었다. 다음에는 목침만한 크기로 나무를 자르기 시작했다. 그는 하루, 이틀, 한 달, 두 달, 말없이 목침만 잘랐다. 어언 다섯 달이 지나자 목수는 비로소 톱을 놓고 대패를 들어 목침을 다듬기 시작했다. 어느덧 3년 가까이 삼매에 든 듯 목침을 다듬을 즈음,

"저렇게 목침만 다듬고 있으니 언제 법당을 짓는담?"

하고 의심한 사미는 목수를 골리려는 생각에 목침을 하나 감췄다. 3일 후면 3년이 되는 날 목수는 목침 깎던 일을 마치고 일어서더니 노적만큼 쌓아올린 목침을 세기 시작했다. 무수한 목침을 다시 세어보던 목수는 눈물을 주르르 흘리며 연장을 챙겨 청민선사를 찾아갔다. 그의 얼굴은 일할 때와 달리 절망이 깃들어있었다.

"스님, 소인은 아직 법당을 지을 인연이 아니 된 듯하옵니다. 떠나야하겠습니다."

"무슨 일이 있었느냐?"

"목침 하나가 부족합니다. 저의 정성이 부족하여 하나를 덜 깎았으니 이런 정신머리로 무슨 불당을 짓겠습니까?"

이 소리를 들은 사미는 후회하며 용서를 빌고 숨긴 목침을 내놓았다. 목수는 부정을 탄 목침이라 하여, 그 나무토막은 빼놓고 기둥을 세우고 중방을 걸어 순식간에 법당을 완성했다. 이런 일로 대웅전의 처마 끝을 받치는 공포栱包 출목出目 한 곳이 비어있다고 한다. 법당이 완성되자 단청을 하겠다며 한 화공이 찾아왔다. 선사는 대중과 사미승에게

"앞으로 화공의 일이 끝날 때까지 아무도 법당 안을 들여다봐서는 안 되느니라"

하고 엄하게 타일렀다. 화공은 한 두 달이 지나도 밖에 나오지 않고 법당 앞에는 늘 목수나 선사가 지키고 있었다. 법당 안의 그림이 궁금해진 사미는 어느 날 목수가 법당을 지키고 있을 때

"스님이 잠깐 오시랍니다."

하며 불러냈다. 목수가 자리를 뜨자 사미는 잽싸게 법당 안을 들여다봤다.

이상한 일이었다. 그림을 그리는 사람은 없는데 오색영롱한 관음조 한 마리가 입에 붓을 물고 날개에 물감을 묻혀 벽에 그림을 그리고 있지 않은가? 사미는 문을 살짝 열고 법당 안으로 들어섰다. 그 순간 그림을 그리던 새는 어디론가 날아가버리고 말았다. 그래서 법당 안의 단청은 쌍으로 그려져야 할 용과 선녀의 그림이 왼쪽 것만 그려지고 오른쪽 것은 빈칸으로 남아있다 한다. 대웅보전이 완성되자 내소사 조실 청민선사는 어디론가 자취를 감췄다. 전하는 말에 의하면 그 관음조는 능가산 중턱에 앉았으며, 그때부터 노승이 암자를 짓고 살기 시작했고 목수는 대호선사大虎禪師, 단청을 그리던 새와 노승을 관음보살의 화신이라고들 했다.』 11)

내소사에 들어서자 일주문 뒤로 바람막이가 되어 파랗게 질린 전나무 숲이 장관을 이루고 있습니다. 그 뒤로 추위에 손이 시린 듯 여린 가지를 호호 불며 발갛게 물든 벚나무 가로수가 길 양쪽으로 천왕문까지 이어지고, 천왕문 뒤쪽에는 병풍처럼 둘러선 능가산의 아름다움이 따사로운 햇빛에 반사되어 절경을 이뤘습니다.

천왕문 뒤로 1000년의 세월을 보내며 거무튀튀한 모습으로 푸른 이끼를 덮어쓴 느티나무가 춘몽에 뒤척이고 설선당 어귀 산수유가 봄꽃을 피우려 망울을 키우듯이, 대웅보전의 촛불도 다가오는 봄을 맞느라 부산하게 하늘거리며 번민을 태우고 있었습니다.

11) 내소사 홈페이지, 신한국의 여로 7 내장산, 한국일보, 1989 참고

설경雪景

간밤에 소리없이 흰눈 곱게 내리더니
날 밝자 창밖에는 은세계 열려있네
어둠 속 베어낸 눈빛 무명세계 밝히나

눈꽃 머리에 인 속리산 큰 소나무
속세 떠난 맑은 마음 정광頂光되어 비추시고
눈꽃에 피어난 선경仙境 온갖 번뇌 덮는가

가지마다 사린 눈꽃 묵은 상처 감싸주고
하얀 띠 머리찜질 괴로움 식히는데
눈 녹아 흘러가는 물 방울방울 빛나네

춘하추절 내린 빗물 한겨울 눈이 되니
꽃비가 눈꽃됨은 누구의 업業이런가
호시절 따라 도는 연緣 눈 비 분별 생겼나

속리교 넘어서면 이승 이욕利慾 건너질까
시냇물 예로부터 무심으로 흐르는데
돌다리 경계로 삼아 진眞과 속俗을 갈랐네

서로 다른 눈비 모습 자성 본래 변함없고
예제없는 맑은 시내 진여삼매 보이는데
끝없는 마음의 조화 일간 천옥天獄 거닌다.

충북 보은의 **법주사**를 찾았습니다.

법주사는 '속세를 떠난다'는 뜻의 속리산俗離山 기슭에 자리하고 있으며, 신라 제 24대 진흥왕 14년(553)에 의신조사가 창건했다고 합니다.

창건 설화에 의하면 불법을 구해 멀리 천축(인도)에서 돌아온 의신조사가 흰 나귀에 불경을 싣고 절터를 찾아다니던 중 지금의 법주사터에 이르니, 나귀가 더 가지 않고 제자리를 맴돌며 울부짖더랍니다. 기이한 생각에 의신조사가 주변을 살펴보니 수려한 산세가 가히 절을 지을만한 곳이어서 절을 짓고 '부처님의 법法이 머문다住'하여 법주사라 했다 합니다.[12]

국보 3점, 보물 8점을 비롯해 수많은 지방문화재를 보유하고 있는 법주사에 들어서자 높이 33m의 금동미륵대불이 눈에 들어옵니다. 본래의 대불은 신라 혜공왕 12년(776)에 진표율사가 7년간의 노력 끝에 조성했으나, 조선 고종 9년(1872), 대원군이 경복궁 중건 때 소요자금 마련을 위한 당백전 주조를 위해 불상을 몰수했다 합니다. 그 뒤 우여곡절 끝에 박정희 대통령과 이방자 여사의 시주로 1964년 시멘트 미륵상을 조성해오다가, 2000년 붕괴직전의 불상을 해체해 시멘트 불상의 크기와 형상을 그대로 복사한 청동불로 바꿨고, 2000년부터 2년간 개금불사하여 본래의 금동미륵대불로 복원했다 합니다.[13]

속리산은 '정이품 소나무'로도 잘 알려져 있습니다. 전설은 다음과 같습니다.

『세조 10년(1464) 세조가 불공으로 피부병 치료를 위해 법주사로 피접

12) 법주사 팸플릿 참고
13) 법주사 팸플릿 참고

왔을 때였다. 법주사 입구에 우산 모양을 한 큰 소나무 아랫길을 지나는데 세조가 탄 어가御駕가 걸릴 것만 같았다.

"연輦(가마)이 걸리지 않도록 조심하도록 해라."

세조가 가마꾼들에게 주의를 주었다. 그런데 축 늘어졌던 소나무 가지가 들어 올려지는 것 아닌가?

이번에는 세조가 피접을 마치고 돌아오는 길이었다. 하늘이 어둑어둑해지더니 갑자기 소나기가 내렸다. 마침 세조는 연이 걸리지 않도록 주의했던 그 소나무 아래에 머물며 비를 피할 수 있었다. 이 일로 세조는 "기특하다"며 이 소나무에게 '정이품 품계'를 하사했다.』

수많은 설화를 간직한 속리산이 온통 설경에 묻혀 있습니다. 눈은 추위에 지친 대자연을 포근하게 감싸고 나무들은 서로 위로하며 만발한 눈꽃으로 싸늘한 겨울을 축제로 바꿔놓았습니다. 눈꽃은 마치 오랜 세월 수도하여 득도한 나무의 도력을 나타내는 광배光背인 듯 밝게 빛나고, 황토길 주위로 조성된 벚나무에는 간밤에 내린 눈이 만든 조화 때문인지, 눈꽃이 녹아 흘러 방울진 가지마다 어느덧 방울방울 새봄을 맞이하려고 꽃망울을 준비하고 있었습니다.

눈이나 비나 다 같은 물임에도 계절에 따라 달리 내리는 것은 중생처럼 서로의 업業이 다르기 때문인지도 모릅니다.

'속세를 떠나 진리의 세계로 건넌다.'는 반야의 다리, 속리교를 건넜습니다. 다리 밑에 흐르는 맑은 물은 예나 지금이나 진속眞俗을 말한 바 없고 다만 무심으로 흐를 뿐인데도 나의 마음은 본성이 물인 비와 눈을 분별하고 진리세계와 사바세계를 구분하며 하루에도 몇 번씩 극락과 지옥을 오가고 있습니다.

설경에 덮인 법주사는 부처님의 은광恩光을 알리려는 듯 금동미륵대불과 함께 환하게 빛을 발하고 있었습니다.

백담계곡

동장군 자리 잡은 백담계곡 이십 리 길
깊은 산 옷을 벗고 맨몸으로 겨울 맞네
여울목 건너던 물살 얼음 밑에 웅크렸다

눈보라 몰아치면 나뭇잎 추울세라
젖 떼는 어미 심정 낙엽은 아는 걸까
떠나도 멀리 못가고 나무 아래 수북하다

수면 위 뭉우리돌 얼기설기 기둥삼고
빙설氷雪로 게르[14] 지어 시냇물 품고 있네
얼음장 덮어쓴 물길 맑은 소리 느껴 운다

칼바람 싸느랗게 골짜기 몰아치자
고요도 시끄럽다 눈 내려 덮으시나
보송한 꽃송이 날려 한겨울 감싸는데

시냇물 본 모습이 눈일까 얼음일까
얼음 이불 덮고 나서 솜옷을 걸치셨네
다른 듯 하나인 것을 바로 보고 알라는가

---

14) 게르 : 몽골 인들의 이동식 천막집

높낮이 기온 따라 물 변해 빙설氷雪 되듯
씀씀이 마음 따라 나락되고 정토 되네
눈 녹아 봄 오시어든 향기 짙게 피우자네

강원도 인제군 내설악 오지에 위치한 **백담사**를 찾았습니다.

백담사는 신라 진덕여왕 원년(647)에 자장율사가 설악산 한계리에 한계사로 창건해 운흥사, 심원사, 선구사, 영취사로 바뀌었다가 정조 7년(1783) 백담사로 개칭했다 합니다.

전설에 의하면 절 이름 백담사는 설악산 대청봉에서 절까지 작은 물웅덩이 100개가 있는 지점에 사찰을 세웠다 해서 유래 되었다 합니다.[15] 백담사는 만해 한용운(1879~1944) 스님이 입산수도하여 깨달음을 얻은 곳이며, 한때 전두환 전 대통령이 임기를 마치고 은거하여 잘 알려진 곳이기도 합니다.

공원관리소에서 백담사까지 20리 백담계곡에 눈에 덮여 꽁꽁 얼어붙어 있습니다. 물을 감싼 얼음, 또 그 위를 덮고 있는 눈은 겨울철을 보내는 시냇물을 겹겹이 따스하게 보듬고 있습니다. 수면 위로 둥글둥글 고개 내민 크고 작은 막자갈을 지주 삼아 얼어붙은 얼음장 밑에는 맑은 물이 투덜거리며 흐르고, 냉랭한 물소리는 얼음에 덮여 보이지 않음에도 계곡을 가득 메우고 있습니다. 눈이나 얼음이나 본바탕은 같은데도 기온에 따라 다른 모습으로 변화하는 것은 마치 화가 오르내려 때로는 지옥과 극락이 되는 내 마음 같다는 생각이 들었습니다.

매서운 겨울바람이 몰아치는 백담계곡 오솔길 주위로 앙상하게 맨살을 드러낸 나무들이 애처롭습니다. 추운 겨울을 앞두고 나무에서

15) 백담사 관광안내 설명문 참고

떨어지지 않으려는 나뭇잎과 떨어뜨리려는 나무와의 실랑이가 마치 젖 떼는 어미와 아이의 정경처럼 눈에 아른거립니다.

추위에 떨고 있는 심심산천을 감싸려는 듯 하얗게 덮은 눈이 펼치는 은색의 향연, 그리고 추위를 포근히 감싸 봄이 어서 오기를 기원하는 백담사 앞 냇가의 수많은 소망탑들....... 내게는 산사와 어울린 백담계곡이 영하의 날씨에도 나위 없이 훈훈하게 느껴졌습니다.

수심교修心橋를 건너고 금강문을 지나 사찰 경내로 들어섰습니다. 백담사의 전각들은 눈에 덮인 채 적요寂寥에 빠져있고 절마당에 늘어선 시비詩碑들은 수도자의 불심을 노래하는 듯했습니다. 그 중에서 만해 한용운스님의 '나룻배와 행인'이 심금을 울렸습니다.

참사랑을 깨우친 자는 이렇게 한없이 낮아져 인내와 희생으로 우러나는 사랑을 스스로 펼치고 또 펼치는 것일까요?

나룻배와 행인 / 한용운

나는 나룻배
당신은 행인

당신은 흙발로 나를 짓밟습니다.
나는 당신을 안고 물을 건너갑니다.
나는 당신을 안으면 깊으나 얕으나 급한 여울이나 건너갑니다.

만일 당신이 아니 오시면 나는 바람을 쐬고 눈비를 맞으며
밤에서 낮까지 당신을 기다리고 있습니다.
당신은 물만 건너면 나를 돌아보지도 않고 가십니다그려.
그러나 당신이 언제든지 오실 줄만은 알아요.
나는 당신을 기다리면서 날마다 날마다 낡아 갑니다.
나는 나룻배
당신은 행인

청풍향기

도선사 오르는 길, 봄볕 품 그립구나
앙상한 나뭇가지 무명 한 철 꿈꾸는데
재잘대던 산새소리 다 어디 가신게요
물소리 마저 떠나며 얼음장만 남겼구려

돌아본 사바세계 연무에 갇혀있고
늘어선 오색연등 은광에 빛이 나네
산사 서린 옛 그림자 지금 어디 남아있나
주장자 빚어낸 석불 만년 불심 지핀다

산등성이 희끗희끗 새치 입듯 덮여있고
정처없이 떠돌던 구름 산봉우리 걸려있네
절 지붕 맺힌 고드름 언제 마음 풀려는가
절마당 한쪽 자리엔 포대화상 껄껄껄껄!

풍경 울린 산들바람 무심히 다가와서
천지만물 맑은 숨결 하나로 들려주네
부처님 넘치는 은혜 천축 떠나 여기 왔나
눈길이 닿는 곳마다 맑은 향기 그윽하다

산 오를 때 불던 삭풍 가는 길 훈풍 됐나
살 에는 겨울바람 여전히 오싹한데

한 마음 짓누른 그늘 어디로 떠난 게요
천지가 한 몸 한 뿌리 돌기둥 글 커 보이네.

서울 강북구 우이동 삼각산 중턱에 위치한 **도선사**를 찾았습니다.

도선사는 신라 말 경문왕 2년(862)에 도선국사(827~898)가 창건했다 합니다. 도선국사는 불법, 천문 지리에 통달한 풍수지리설의 대가로 역사 속에 전설적 인물로 알려진 고승입니다. 국사는 삼각산의 절묘하고 수려한 산세를 보시며 '이곳에서 천년 후 말법시대에 다시 불법을 일으키리라' 예견하고 도선사 건립 후 신통력으로 사찰 옆에 있던 큰 바위를 반으로 쪼개서 한쪽 면에 20여 척이 넘는 관세음보살상을 주장자로 새겼다 합니다. 그래서 그런지 마애관음보살상은 정으로 쪼아 만든 흔적이 보이지 않는다고 합니다. 도선사의 마애관음보살상은 불자들이 즐겨 찾는 영험한 기도처로 알려져 있습니다.[16]

삼각산 도선사로 오르는 길은 일주문 대신 세워진 석주石柱에서부터 시작됩니다. 석주 앞면에 '삼각산 도선사三角山 道詵寺', '이 문에 들어서면 알음알이를 내지 마십시오.入此門內 莫存知解'라는 음각된 글이 있고 뒷면에는 '삼일 닦은 마음 천년의 보배요, 백년 탐한 재물 하루 아침의 티끌입니다.三日修心千載寶, 百年貪物一朝塵'라는 초발심자경문 한 구절이 새겨져있어 일주문을 들어서는 사람들의 마음가짐을 일깨웁니다. 멀리 산봉 백운대, 인수봉, 만경대를 보며 포장된 길을 오르노라면 불이문天地同根 萬物一體을 만나고, 숨이 차오를 때쯤되자 광장에서 미소를 머금은 부처님을 만날 수 있었습니다. 이어 좌측 도선사 길로

16) 도선사 홈페이지 참고

들어서 천왕문을 지나니 눈 아래로 두고 온 속세가 멀리 연무 속에 모습을 드러냅니다.

천왕문에서부터 길가에 세운 고승들의 법어, 법문, 경구 등을 한 구절 한 구절 읽으며 그 뜻을 새기다보니 머릿속이 맑아져 온 수심이 가시는 듯 했습니다. 경문은 청담스님의 법어로 시작 되었습니다.

『이 세상 모든 일이 내 마음의 그림자이다
한번 참으면 내 몸이 안락하다
두 번 참으면 가족이 행복하다
세 번 참으면 천하가 태평하다
내가 참고 참아 온 세상이 참다보면
사바세계가 곧 극락으로 이루어진다.
부처님의 성스러운 모습도 참고 참아서 이룬 것이다.』

그러고 보니 도선사는 청담스님이 주석하던 사찰이었습니다. 청담스님은 경남 고성 옥천사에서 출가하여 설악산 봉정암, 금강산 마하연, 묘향산 보현사 등에서 용맹정진한 후 덕숭산 수덕사 정혜선원에서 만공스님으로부터 견성인가를 받으셨다합니다. 그 때의 오도송은 다음과 같습니다.17)

上來佛祖鈍痴漢 (상래불조둔치한)
예부터 모든 불조佛祖 어리석기 그지없으니
安得了知玆邊事 (안득요지자변사)
어찌 현학玄學의 이치 제대로 깨우쳤겠는가.
若人問我向所能 (약인문아향소능)
만약 나에게 능한 게 무엇이냐 묻는다면

17) 마음속에 부처가 있다, 청담스님 혜성역, 화남출판사

路傍古塔傾西方 (노방고탑경서방)

길가 고탑古塔이 서쪽으로 기울어졌다 하리.

청담스님과 춘원春園 이광수李光洙와의 유명한 일화가 있습니다. 1930년대 후반 어느 날 남양주 봉선사의 도반 운허스님으로부터 "춘원이 '법화경'을 한글로 번역한다 하니 말려 달라"는 요청을 받았다고 합니다. 운허스님은 춘원의 육촌동생입니다. 이때 춘원은 10년 전부터 법화경을 연구해온 터라 한글로 번역하면 만인의 마음을 밝혀줄 수 있다는 뜻을 가지고 있었습니다. 이에 청담스님은 자하문 밖 소림사 근처에 사는 춘원을 찾아가 "무명의 눈으로 불타의 심오한 경지를 알기에 한계가 있어, 훗날 오역으로 인해 춘원에게 허물이 생길까 우려 된다."며 만류하시고, 춘원과 3일 동안 자지 않고 불교사상 토론을 펴 기독교인인 춘원을 불교에 귀의시켰다 합니다. 춘원은 이 일을 계기로 해서 <꿈>, <이차돈의 사死>, <원효대사> 등, 불교를 소재로 한 작품을 쓰게 됩니다.[18]

그 뒤 청담스님은 독립운동 혐의로 투옥되어 온갖 고초를 겪다가 해방이 되자 왜색화 된 불교를 정화하기 위해 전력하시고, 한국불교를 이끌어 조계종 초대 총무원장과 2대 종정을 역임하며 도선사 주지로 계시던 중, 1971년 열반하십니다.[19]

길가의 경문을 하나하나 읽다 보니 청동지장보살상을 만나고 계단을 오르면 청담대종사 석상 및 사리탑 등을 만나며, 이어서 청담 기념관과 전각들을 둘러 볼 수 있었습니다. 경구는 12지신상 옆에 음각된 '법구경 제9장 악행품' 게송偈頌으로 마쳤습니다.

---

18) 역대종정 법어집, 달을 가리키면 달을 봐야지 손가락 끝은 왜 보고있나, 김정휴, 대원정사, 1990.

19) 도선사 홈페이지 참고

其善未熟 (기선미숙) 선의 열매가 익기까지는
禎祥見禍 (정상견화) 선한 사람도 화를 만난다.
至其善熟 (지기선숙) 선의 열매가 익은 후에는
必受其福 (필수기복) 선한 사람은 반드시 복을 받는다.

其惡未熟 (기악미숙) 악의 열매가 익기까지는
妖孼見福 (요얼견복) 악한 사람도 복을 받는다.
至其惡熟 (지기악숙) 악의 열매가 익은 후에는
自受罪虐 (자수죄학) 악한 사람은 저절로 화를 받는다.

도道의 뜻을 사전적 의미인 '종교적 깨달음의 이치 또는 경지', '인간으로서 마땅히 지켜야할 도리'로 볼 때, 도의 덕목은 善(착할 선)이라 할 수 있을 것입니다. 선은 양羊이 풀(초두밑艹)을 입으로 먹고 말하는 형상이니 초원에서 고기를 먹으려하지 않고 유유히 풀을 뜯어먹고 풀을 말하며 분수를 지켜 남을 해하지 않는 양의 선한 모습을 그린 것으로 이해할 수 있습니다. 이 세상에는 양의 두껍을 쓴 이리도 많아 선한 양은 악한 이리의 먹잇감이 되거나 이용당하고 이리저리 치어 살기가 힘들기에 부처님의 법이 더 소중하다 할 것입니다. 이리가 판을 치고 활보를 할 때, 우리는 '과연 세상에 정의가 살아있는가?', '부처님 또는 하나님이 과연 계신건가?' 하고 의심하게 되는데 다행히 위의 '법구경'은 깊은 선악수연善惡隨緣의 이치로 깨우침을 주었습니다. 즉, 선인선과善因善果 악인악과惡因惡果이니 '하늘은 스스로 돕는 자를 돕는다.'는 말씀 아니겠습니까?

도선사의 전각과 마애관음보살상을 돌아보는 중에, 끊임없이 이어지는 불자 행렬을 보며 신심 가득한 우리네 모습을 엿볼 수 있었습니다.

옴마니밧메훔

정릉천 가로막혀 세속에 발 묶였나
공덕功德으로 건너는 다리 피안 길 인도하네
극락교 넘어섰나니 서방정토 여기인가

일주문 들어서자 호법쌍룡 선신 되어
풍진세상 떠났는지 눈빛으로 물어오네
간절히 두 손을 모아 귀의심歸依心 내보인다

항룡亢龍이 날린 비늘 하이얀 박석 되어
극락보전 오르는 길 연꽃 대신 놓여있네
꽃 뿌려 꾸미고픈 맘 봄소식 담겼을까

보리수 이끼 입고 보낸 시간 무량세월
아미타불 친견하여 서천극락 들었을까
솔바람 흩날린 향기 육자진언 그윽하다

만다라 꽃 피운 지혜 보주로 빛이 나자
한 울타리 천지만물 밤 그림자 떠나가고
들리는 옴마니밧메훔, 극락지옥 다름없네.

서울 정릉의 삼각산 기슭에 있는 **경국사**를 찾았습니다.

경국사는 삼각산 청봉靑峰 아래에 있다 하여 청암사靑巖寺라는 이름으로 고려 충숙왕 12년(1325)에 자정율사에 의해 창건되었으나, 조선 명종 5년(1549) 국가에 경사가 끊이지 않도록 기원하라는 뜻에서 명종의 어머니인 문정왕후에 의해 경국사로 바뀌었다 합니다. 임진왜란 때에는 서산대사와 사명대사가 경국사에 구국승병을 이끌고 와서 머물며 총지휘를 했다고 하며, 한때 이승만 대통령이 이 절에 들렀다가 주지인 보경 보현스님의 인격에 감화된 바 있어, 그 연고로 1953년 말 닉슨 부통령이 한국을 방문했을 당시 경국사로 안내해 한국문화를 알렸다고 합니다.20)

경국사는 삼각산 지류인 정릉천을 끼고 있어 맑은 계곡물과 어울려 아름다웠을 옛 모습을 상상으로 그려볼 수 있었습니다. 지금은 주변에 아파트 단지가 들어서서 옛 모습을 잃었지만, 그래도 삼각산을 방문하는 등산객과 지역주민을 위해 역사를 지닌 휴식처가 됨은 물론 세속의 번민과 고통을 풀어주고 위로하는 안식처로 든든하게 자리매김 하고 있습니다.

경국사는 정릉천을 가로질러놓은 극락교를 건너서 들어설 수 있었습니다. 일주문 기둥은 쌍룡을 조각해 호법을 상징하고 사천왕문의 역할까지 대신하고 있는데, 쌍룡은 정릉천의 맑은 물에서 잠룡으로 한겨울을 지내고 봄이 되면 승천하려는 듯 몸을 꿈틀대고 있습니다. 일주문에서 가람으로 향하는 길은 하얀 박석을 깔아 승천한 쌍룡이 마치 비늘을 떨어뜨려 수놓은 듯했습니다.

가람 입구에는 200년 수령의 보리수가 등에 푸른 이끼를 덮어 쓴 채, 아미타 부처님이 모셔진 극락보전을 바라보며 간절히 불법을 구

20) 코리아 템플, 경국사 참고

하고 있습니다. 2월말 따스한 오후 햇살이 부처님 광명인 듯 금당지붕 옆면의 만卍자를 대신해 낯선 티베트 글자 '옴(ༀ)'자를 비추고 있었습니다.

'옴마니밧메훔'이라는 진언이 생각났습니다. '옴(Om)'은 태초 이전부터 울려오는 우주의 소리로 진리의 말씀을 나타내는 성음聖音이라고 합니다. '옴'은 부처님의 몸과 말씀과 마음을 함축적으로 표현하는 의미로 쓰인다하는데, 이는 '태초에 말씀이 계시니라 이 말씀이 하나님과 함께 계셨으니 이 말씀은 곧 하나님이시니라(요1:1)'는 성경구절처럼 들렸습니다.

옴마니밧메훔(Om Mani Padme Hum)! 이 진언은 '온 우주(Om)에 충만해있는 자비(Mani)와 지혜(Padme)가 지상의 모든 존재(Hum)에게 그대로 실현 될지어다'라는 뜻으로, 이를 일심으로 외우면 육도 윤회에서 벗어날 수 있다고 합니다.21)

달라이라마 성하聖下는 옴(Om)을 아움(A.U.M) 즉, 수행자의 몸, 말, 마음과 함께 부처님의 청정한 몸, 말, 마음을 상징하는데 어떻게 우리의 부정한 몸, 말, 마음을 청정한 부처님의 몸, 말, 마음으로 바꿀 수 있는가? 그 해답을 마니(Mani) 밧메(Padme)의 네 글자가 알려주고 있다 합니다. 먼저 마니는 보석의 뜻으로 깨달음과 자비, 사랑을 상징하는바 보석으로 가난을 버릴 수 있듯이, 깨달음의 마음(자비, 사랑)은 가난과 윤회의 고난을 벗게 하여 모든 원願을 이루게 한다고 합니다. 그리고 밧메는 연꽃의 뜻으로 이는 지혜를 상징하는데 연꽃이 더러운 곳에서 자라지만 더러움에 물들지 않듯, 지혜는 우리를 자각하게해 세상에 물들지 않고 실체 없는 공空함을 깨닫게 한다고 합니다. 따라서 지혜와 자비를 통해 우리는 부처의 청정한 몸, 말, 마음을 얻을 수 있으며 훔(Hum)은 바로 부처와 우리가 하나 된 불이不二의 상태를 상

21) 옴마니반메훔, blog.naver.com/csi1199 김무생 /위덕대 불교대학원장

징한다는 것입니다. 그러므로 옴 마니 밧메 훔은 지혜와 자비가 불이의 상태를 이룸으로써 우리 자신 안의 부정한 몸, 말, 마음을 벗어나 청정한 부처가 됨을 간구하는 진언이 됩니다.[22)]

또 이 육자진언은 아미타부처님께서 관세음보살을 찬탄하여 호칭하신 말씀이라고 합니다. 관세음보살은 대세지보살과 함께 아미타부처님을 좌우에서 모시며 세상의 소리를 듣고 중생을 고통에서 구해주는 보살입니다. 티베트의 육자진언 유래에 의하면 옛날에 아미타부처님이 중생구제를 위해 관세음보살의 모습으로 화신하여 서방복덕연화국(극락)의 궁전 연못에서 탄생하셨는데, 이 보살은 일체 중생의 이익을 위하여 큰 서원을 세우고 욕계의 중생을 모두 구제했다 합니다. 이렇게 하기를 여러 번 하신 후에 또 다시 고해에서 신음하는 중생을 널리 제도하고자 천수천안千手千眼과 십일면상十一面像을 나타내시며 교화하셨는데 관세음보살의 수고가 안타까워 아미타부처님께서 말씀하시길 "앞으로 옴마니반메훔(Om Mani Padme Hum)의 육자진언으로 육도윤회의 문을 닫아 비우게 할 것이니 그런 줄 알고 중생으로 하여금 염송念誦하게 하라"고 하셨다는 것입니다. 따라서 옴(Om)은 천상, 마(Ma)는 아수라, 니(Ni)는 인간, 반(Pad)은 축생, 메(Me)는 아귀, 훔(Hum)은 지옥의 문을 닫는다는 상징적 의미로 이를 거듭 외우면 고통스러운 육도 윤회에서 해탈한다고 합니다.[23)]

처음 경국사를 찾았을 때는 아파트 공사 소음에 심란했으나, 사찰을 둘러보고 내려올 땐 공사음이 경내 숲을 지나는 바람소리와 어울려 세속의 아름다움을 찬탄하는 진언(다라니)처럼 들렸습니다.

세상의 모든 소리가 중생에게 진리를 가르치기 위한 부처님 말씀이요 지혜를 표함이며 자비심의 표현이 되기를 마음속으로 기원하였습니다.

---

22) http://www.jingak.or.kr 옴마니반메훔의 상징, 의미, 달라이 라마 특별법문 참고

23) 엠파스블로그 불국정토 옴마니반메훔 참고

基本型 連時調로 表現된 '善'의 境地

- 지종찬 첫 기행시문집 『철 따라 절 따라』

新毫(신규호) | 문학평론가

1. 들어가며

'시가 흐르는 서울' 박종래 회장의 소개로 '작품해설'을 맡고, 지종찬 시인이 상재上梓할 시집, 『철 따라 절 따라』를 훑어보고는 적이 놀랐다. A4용지 166쪽인 이 원고는 춘하추동 네 부部에 걸친 57묶음의 작품들로 그 분량이 너무 방대했기 때문이다.

더욱 놀라운 것은 그 묶음들이 한 작품씩 구성된 것이 아니고, 각각 시작품과 산문작품으로 짝이 지어져있는데다가 자세히 살피니, 시작품 쪽에는 시조를 주종으로 하고 이따금씩 자유시가 눈에 띄는데, 그 작품들이 또 단수單首시조나 짧은 전연시全聯詩가 아니고, 대여섯 수씩 되는 연시조나 여러 연으로 된 긴 시 들이라는 것이다.

한편 산문작품 쪽은 그 앞의 시작을 창작하게 된 사찰寺刹과 관련된 자료, 즉 역사 · 전설 · 설화 · 민화 · 심지어는 저자에 의해 재구성된 소품까지 동원된데다가, 저자 자신이 직접 찾아가 체험한 인상과 심경 등을 표현한 기행문이 첨가되어있어, 말하자면 종합적인 해설인 동시에 수필 양식이어서, 한마디로 서정 양식과 교술 양식이 사이좋게 악수를 하고 있는 격이어서, 매우 다양하면서도 특이한 저서인 것이다.

이러한 저서는 과문寡聞인 해설자에겐 처음 대하는 일이어서, 인적 사항이라도 알아야하겠기에 '문협 주소록'의 '시조시인' 난의 전화번호를 알아내어 문의한 결과, 그가 원로 수필가이자 평론가인 강범우 교수의 애제자인 것과 2009년 『뿌리』 지로 등단하여, 현재 동호인 모임인 '뿌리춘추(통권 제6호 발행)'의 회장직을 맡고 있음을 알아냈다.

그러고 보니 지종찬 시조시인은 길어야 3년, 아니 어쩌면 더 짧은 시일 안에 이러한 큰 작품을 써냈을 것이니 그 노고가 이만저만이 아니었을 터이다.

그러므로 해설자는 저자의 그 노고에 감탄하며, 줄잡아도 200수가 넘어 보이는 시조작품이 포함된 시작품은 더 말할 나위도 없거니와, 그보다 분량이 두 배 이상 되는 '기행문'까지 글자 한 자 빼놓지 않고 통독하였더니, 보통 사람으로선 여간해서 해낼 수 없는 노작勞作임이 확인되었다.

이런 점을 감안勘案하여 졸고拙稿는 이어지는 '대표작 해설'에서 시조를 앞세운 시작품부터 다룬 뒤, 맺음말 '나가면서'에서 '기행문'의 특색도 덧붙이기로 하겠다.

2. 대표작 해설

1) 시조

고려 중엽 이후에 발생한 것으로 추정되는 시조는 본디 '시절가時節歌'의 '곡조曲調'였다. 좀 더 정확하게 말하면, 창唱이라는 '음악'의 곡조를 적는 데 필요했던 '가사歌詞'였던 것이다.

그러나 당초에는 '한글'이 창제되기 전이라 창을 하는 사람의 기억에 의존할 수밖에 없었던 데다가, 가사인 이상 굳이 음수율에 맞추지 않아도 가창의 실제에서 얼마든지 조절할 수가 있어(현대음악에서도 음부音符, 속칭 '콩나물대가리'로 조절되는 것과 같은 이치임), 기본 음수율이 지켜지지 않았으니, 이는 현재 최초의 시조작가로 알려지고 있는 우탁禹倬(1263~1342)의 두 작품을 비교해보더라도 쉽게 알 수가 있다.

그러나 도입된 시 양식, 특히 정형시로 정립된 이상은, 엄격한 기본형의 형성이 바람직한데도 실제는 그렇지가 못하여, 엇시조, 사설시조, 양장시조,

절장시조, 등이 난립하여 저마다 현대시조라는 미명하에 중구난방衆口難防인 반면, 우수한 작품은 그리 많지 않은 형편이다.

이런 상황에서 보면 기본형을 지향하는 지 시인의 이 저서는, 무엇보다도 그 전통적인 음수율이 역시 전통적인 불교와 호흡을 함께 함으로써 조화를 이루고 있을 뿐더러, '시詩'를 정서와 사상의 등가물等價物로 본 T. S. 엘리어트의 견해와도 일맥상통하리라 본다.

(1) 「구름」

청산의 저 소나무 하늘에 소망 걸고
뿌리 내린 터전에서 꿈꾸며 자라는데
상주처常住處 없는 구름아, 마음 둘 곳 어딘가

늘 푸른 솔밭 보자 울적한 심사일어
먹장구름 살짝 비춰 눈물 찔끔 흘리시네
떠돌이 지친 저 구름 염계染界 애착 보인다

등 뒤에 이는 노을 몸 감싸 위로하나
종일토록 내달려도 가는 길 한이 없어
속계에 머문 그 마음 성불서원 버렸는가

머무르는 바 없이 마음 내라 하지마는
마음에 이는 집착 그리움 쌓이는데
머물러, 머물 곳 없어 빈 하늘에 머문다.(부분, 전문 40쪽)

이 작품은 '고운사孤雲寺'를 찾아 읊은 것인데, 최치원의 호의 뜻인 '고운孤雲(외로운 구름)'에서 착상된 것이다. 겉으로는 자유로워 보이나 실은 '소나무'만도 못하니 착실하게 소망을 키워가지 못하고 발붙일 곳 없어, 부질없이 헤매기 때문이다.

그러므로 이 시조는 '구름'처럼 멀리 중원中原 땅을 떠돌다 돌아온 최치원이, 이 절에 머무르면서 정작 세계적인 학자로 성장하는 기틀이 마련되고,

그와의 인연으로 이 절도 '高雲寺'아닌 '孤雲寺'로 비약적 발전을 한 계기가 됨으로써 학문과 종교의 유대 강화가 시사된다.

'3-4', '4-4'조의 음수율과 4음보가 무리 없이 전개되었을 뿐 아니라, 자칫 글자 수를 맞추는 데 급급한 나머지 저지르기 쉬운 실수를 훌륭하게 극복하였으니, 종장 첫 구인 '3-5'의 '3'이 고시조에 나오는 독립어 활용의 전통을 잘 이어받아 효과적으로 표현되어있다.

(2) 「부모님 은혜」

하늘이 쪽빛인 건 끓인 아비 마음이며
창공에 흐르는 구름 자녀가 준 수심인가
그림자 밤낮 드리우니 언제 근심 푸실까

흙빛이 갈색인 건 그을린 어미 가슴이며
바다가 퍼런 것은 자식이 남긴 멍울인가
베기도 지친 심신을 언제 편히 쉬시려나(중략)

화산에 효심 가득 사부곡 울려 퍼져
사도세자 슬픈 마음 추원追遠 실어 달래보네
반 천륜 얽힌 실타래 명국冥國에선 풀릴까

산비둘기 구구 소리 바람결 구슬픈데
은중경 독경 소리 숨결 위 멎는구나
비구도 부모 생각에 목이 절로 메는가. (부분, 전문 58~9쪽)

조선왕조 500년 역사에서 최대 비극의 주인공인 사도세자의 명복을 빌기 위해 세워진 '용주사'를 찾아 읊은 이 시조에는 가장 가까워야 할 부자간의 관계가 천륜을 저버린 끔찍한 대립 갈등으로 번져, 그로 인해 희생된 아들 사도세자와의 관계가 처참한 반면, 그 희생자와 그의 아들 영조와의 눈물겨운 사랑이 대극적으로 반영되어있다. 무고無辜한 몸으로 뒤주에 갇혀 굶어죽는 세계사에 유례없는 이 비극의 원인은 왕권을 둘러싸고 벌어진 '당쟁'에 의해 저질러졌으나, 그 밑바닥에는 '우리'라는 공동체의식을 망각한 '나'와 '남', '나'와 '너'의 하찮은 차이를 슬기롭게 지양止揚하지 못한 지나친 이기심에서 비롯된 것이니, 계제에 '우리'의 어원이 '울籬(울타리)'임을 강조해둔다.

<참고> 인관관계 =공동체

음수율에서 볼 때, 이 작품은 비교적 비슷한 3과 4음절로 시작하여, 같은 4와 4를 거쳐, 3과 5로 벌어진 큰 격차에 의해 끝내기를 준비하여, 서로 비슷하되 순서가 뒤바뀐 애당초의 3과 4가 도치된 4와 3으로 안착하는 시조의 기본형을 지향하고 있어, 이런 기본형은 현대에도 여전히 유효한 음수율임을 보여준다.

(3) 「뻐꾸기」

아침나절 뻐꾸기 가지 위서 안절부절
업둥이로 보낸 자식 무탈하게 잘 있는지
먼발치 오목눈이 둥지 애태우며 뻐꾹 뻐꾹!

말만은 어미로되 집짓는 재주 없고
품고 기른 모성母性 없이 어미노릇 하겠다며
버려진 자식 못 잊어 우짖는다, 뻔 뻐꾹!

둥지에서 이복동생 버둥버둥 밀쳐내고
빼끔빼끔 입 벌리며 엄마 따라 말 배우네
시러베 오목눈이 부부 먹이 대기 바쁘다 (부분, 전문 77쪽)

이 작품은 원주 치악산에 있는 '구룡사'를 찾았을 때 읊은 것으로, 과거보러 가던 선비가 구렁이의 먹이가 될 번한 까치 새끼를 구해주었다가 겪는 삼생악연에서 연상된 '뻐꾸기'의 기이한 생애를 '오목눈이'라는 새와 연관지어 다룬 것이다.

시인 자신이 해당 '기행문'에서 "오목눈이나 개개비 둥지에 탁란托卵한 후 새끼를 부르는 어미 뻐꾸기의 애절한 울음소리가 심금을 울렸습니다."라고 적고 있는 것처럼, 오목눈이와 뻐꾸기는 기이한 인연을 가졌으면서도 다같이 불행한 존재들이니, 능력이 없어 자식을 남에게 맡기는 어미와, 어리석기 때문에 제 새끼를 밀치고 남의 새끼를 키우는 두 어미를 다 같이 풍자하면서도 한 가닥 동정심을 감추지 못하는 특이한 연시조이다. 실속이 없거나 줏대가 없는 어리석은 이를 '시러베'라는 적절한 어휘로 표현하여 겉으로 약은척하는 이와 대비시키면서도 그 상거相距가 그다지 멀지않은 존재를 나타낸 솜씨가 일품逸品이다.

참고로 덧붙일 일은 '뻐꾸기'가 지 시인의 시창작에 있어 매우 큰 비중을 차지하고 있음이, 또 다른 시조 「기원祈願」 (91쪽)이나, 그 밖에 '기행문'들이 일러준다.

(4) 「빈 마음」

차란차란 쉴 새 없이 새 계곡물 받는 것은
고인 물 탐심 벗어 차례차례 내려보내
비우고 남은 빈자리 허공 채우고 싶음인가

호숫가 낙목공산 수미산 꿈꾸시나
산허리 여기저기 하얀 눈 덮고 있네
다가올 새봄 그리며 빈 화선지 됐구려

승탑僧塔 두른 대나무 고승 마음 전하고자
번뇌망상 마디삼아 빈 맘으로 심 채웠나
사시절 푸르른 댓잎 평생 청심 내보이네

내 물고기 네 물고기 가린들 무엇 할까
수행으로 이룬 도심 호수처럼 비치는데
멀고 먼 아누보리阿耨菩提 길 만리 밖에 서있네.

(부분, 전문 206쪽)

이 작품은 '오어사吾魚寺' 경내에 있는 연못 '오어지'에서 착상된 연시조로, 물이 오래도록 흐르지 않고 머무르면 흐려져 썩듯이, 사람의 소유물이나 마음도 물욕의 탐심에 의해 부패되기 때문에, 끊임없는 교류와 소통에 의해 맑은 마음을 유지해 나가야 함을 일깨워준다.

이 '절'과 '못'의 이름이 된 '吾魚'는 승려들이 서로 '제 고기'라고 다툰 데서 지어진 것이라 하니, 앞으로도 각고의 수도가 필요함을 시사해주거니와, 그 바탕에는 역시 문화인류학에서 말하는 '교환', '교류'야말로 '인간'으로 하여금 '인간답게' 살아갈 수 있는 철리가 숨 쉬고 있어, 불도와 통하는 이런 본성을 알기 쉬운 일화로 표현한 것이다.

둘째 수의 '화선지'는 중국에서 나는 주로 그림 그리기에 쓰이는 종이이니, 그것은 '빈空'과 결합시킨 것은, 지니고 있던 것을 남에게 베풂으로써 새로이 시작하게 됨을 강조한 것이다.

(5) 「설경雪景」

눈꽃 머리에 인 속리산 큰 소나무
속세 떠난 맑은 마음 정광頂光되어 비추시고
눈꽃에 피어난 선경仙境 온갖 번뇌 덮는가

춘하추절 내린 빗물 한겨울 눈이 되니
꽃비가 눈꽃됨은 누구의 업業이런가
호시절 따라 도는 연緣 눈비 분별 생겼나

속리교 넘어서면 이승 이욕利慾 건너질까
시냇물 예로부터 무심으로 흐르는데
돌다리 경계로 삼아 진眞과 속俗을 갈랐네.

(부분, 전문 216쪽)

속리산 법주사의 설경을 보고 노래한 이 작품은 속세를 떠나 법法이 제대로 살 수 있는 세계를 스스로 터득하게 되는 세계로의 문턱을 알기 쉬운 사물의 차이로 표현한 것이다.

곧, '비'와 '눈'이 다 같은 '물'이면서도 그가 처한 상황에 따라 달라지는데(이를 물리학에서는 '이형태異形態'라 한다. '물'이 영도 이하에서 고체가 되고, 영도 이상이면, 액체, 섭씨 100도면 기체로 변하는 따위), 이러한 자연 현상을 시인은 하늘이 준 은혜로운 차이로 보고, 흰눈이 여름날의 볼품없는 비(특히 폭우)와 다른 축제를 만끽하며, 진짜와 혼동되기 쉬운 사이비似而非를 가려내어 한 층 높은 수양의 단계로 오르려는 것이니, 말하자면 양으로부터의 질적 변화, 즉 정신적 세계의 고양이라 하겠다.

(6) 「나뭇잎과의 대화」(자유시)

여보게, 수고했네!
노년의 화사한 옷차림이 보기 좋군
저녁놀로 온몸을 휘감았나 보이
한 해 산 얘기나 들려주게나

어린 시절 따스한 해님이 보듬어주고
밤이면 달님 별님 보며 꿈꾸었지
간간이 내리는 비에 목욕을 하고
간지러운 바람에 웃으며 자랐지

그러던 어느 날
벌레들이 하나 둘 나타나
내 몸을 갉아 먹은 거야

파르르 떨며 난 빌었지
하늘은 내게 새와 거미들 보내주시고
무서운 폭우로 쫓아주셨지

내 몸의 상처 좀 보게나
어디 성한 데 있나
인간의 주름살이 풍진세상 말해주듯
이 상처 내 살아온 고난의 증표라네

험한 세상 살았군!
헌데 무엇 위해 살았나
그저 하루하루 벌레에 쫓기는 삶이었네그려

비웃지 말게
인간은 무얼 위해 사는지 모르네만, 난 알지
그저 산 가꾸고 나무를 살리고
열매 맺도록 도우며 살았지
마음은 서방정토 그리다 이렇게 물들었네
마지막 가는 길에도 이승을 꾸미지

난 아무 말도 할 수 없었습니다
그저 부끄러움에 고갤 숙였습니다
나뭇잎은 산들바람에 손 흔들며 잘 가라 인사했습니다.

(전문 145~6쪽)

이 작품은 팔공산 기슭에 자리한 파계사를 찾아가다가 단풍을 보고 읊은 자유시인데, 자고로 유명한 문학작품들이 대부분 그 아름다움이나 무상함을 표현한 것인 데 비해, 이 작품은 거기서 그치지 않고 전체적인 삶의 향상을 진지하게 다루어, 희곡적인 대화의 형식으로 표현한 점이 특징이다.

일찍이 호머는 "사람은 나뭇잎과도 흡사한 것. 가을 바람이 땅에 낡은 잎을 뿌리면, 봄은 다시 새로운 잎으로 숲을 덮는다."고 읊었고, 백낙천은 '연리지連理枝'를 노래함으로써, 떨어져 사는 나무들이 무리하게 합치려 하다보면 필경 죽음에 이르고 마는 「크늘프(Knulp 헤르만헤세 作)」의 선구자가 되었거니와, 이율곡李栗谷은 「고산 구곡가」에서 "칠곡七曲은 어드메고 풍암楓巖에 추색秋色이 좋다/ 청상靑霜이 엷게 치니 절벽絶壁이 금수錦繡로다/ 한암寒巖에 혼자 앉아서 집을 잊고 있노라."고 미적 세계에의 탐닉과 더불어 완성의 경지를 읊었으며, 이양하는 "고독의 철인이자 안분지족安分知足"의 현인에 견준 반면, 윤동주는 가혹한 식민지하에서 제대로 저항운동을 못할 존재로 머물 것을 의식, 유성에 몸을 맡겨 「별똥 떨어진 데」를 응시한 것이었다.

그런데, 지 시인의 이 시작품은 이런 작품들과 얼마간의 공통점을 지니면서도, 삶의 향상을 평면적으로 노래하지 않고 총체적으로 다룬데다가, 일찍이 아리스토텔레스에 의해 서정시나 서사시보다 높이 평가된 희곡의 특성인 대화의 형식을 빌려 시도한 점에서 차별화된다.

더욱이 마지막까지 봉사하는 자세를 지속하면서도 자신을 낮추는 서정적 자아의 겸양의 미덕은, 세계적인 현자이면서도 무지로 처신했던 소크라테스의 아이러니를 떠올리게 함으로써, 지 지인 자신의 품격을 엿보게 해준다.

3. 나가면서

지금까지 해설해온 바와 같이, 지종찬 시조시인의 첫 기행시문집 『철 따라 절 따라』는 기본형을 지향한 연시조 작품에 의해, 인간 개체로 하여금 무한한 향상의 밑바탕이 되는 동시에, 남과 더불어 한 인류로 삶으로써 영원한 발전의 기초가 되는 '선善'의 가치를 실감나게 표현해낸 근래에 보기 드문 개가凱歌여서, 앞으로의 시조계에 큰 반향을 가져올 것으로 기대된다.

이러한 작품세계는 '기행문'에서도 역력히 드러나 있는 바, 자신의 작품과 관련되는 우리나라 시인들의 시를 인용하였는가 하면, 원작을 곁들인 한시도 들어있으며, 시문학의 바른 이해를 돕는 한자의 구조 해설도 곁들여져있어, 한마디로 '없는 게 없는' 한국불교 관련 종합자료인 '백과전서'라 일컬을 만한 귀중한 자료문헌임이 분명하다. 이런 '선'의 세계를 이룩하는 데는 전쟁을 없애야 할 것이니, '기행문'에 옛날 쳐들어온 '왜군倭軍'에 의해 피해가 컸음을 지적한 곳이 여러 군데 들어있는 것은 결코 간과해선 안 될 일이다.

한 예를 들면, 영남에 자리 잡은 '용연사'를 찾았을 때 읊은 '적멸보궁'의 기행문(174쪽) 가운데 사찰이 임진왜란 때 소실燒失되어 버린 역사적 사실을 기록하고 있으니, 바로 임진왜란 발발 7갑년甲年이 되는 오늘날 이 작품을 읽게 되어 만감이 교차된다. 왜군은 선조 25년 4월에 부산에 상륙한지 스무날 만에 서울을 함락시켰고, 정유년에도 다시 쳐들어왔을 뿐만 아니라, 1905년에도 '독도'의 영유권을 주장하여 손에 넣어, 실질적으로 우리나라를 빼앗고, 약 100년 뒤 다시 독도의 영유권을 주장하기에 이르렀으니, 지 시인의 이 시조와 '기행문'을 통해, 자칫 잊기 쉬운 '일본의 되풀이되어온 침략 경향'에 경각심을 북돋우어줄 것이다.

불교가 화두에 오른 김에, 고려 때부터 지녀온 호국불교의 특징이 잘 드러나 있는 대목들이 무척 많으니, 그 중 두세 군데 인용하면, '옥천사' 기행문에 "임진왜란이 일어나자 승군을 조직하여 왜군과 싸웠으며, 정유재란(1597) 때 왜군들에 의해 불태워집니다."(136쪽)가 나오는가 하면, '표충사' 기행문에는 "(사명 · 서산 · 기허) 대사들은 강산을 아비지옥으로 만든 '도요토미 히데요시'의 마라군魔羅軍을 몰아내기 위해 창을 들고 모든 법력을 소진해야했습니다."(119쪽)라고 기록되었는가 하면, 마지막 '경국사'에도 "서산대사와 사명대사가 경국사에 구국승병을 이끌고 와서 머물며 총지휘를 했다."(228쪽)고 적혀있는 것이다.

그러므로, 지종찬 시인 자신도 이런 정신을 이어받음으로써, 시문학이 단순한 쾌락을 위한 '말의 잔치'가 아님을 입증해 보여준 것이다.

끝으로, 여러모로 뜻 깊은 이 저서를 상재하게 된 지종찬 저자에게 충심으로 축하를 보내며, 앞으로도 초지일관할 것을 당부하며, 기본형 지향 연시조 시인으로서의 문운이 크게 빛나 만기대성의 귀감이 되기를 바라 마지않는다. ○

답사 사찰 색인索引

답사 사찰 색인索引

사찰명	주 소	전 화	찾기(쪽)
송광사	전북 완주군 소양면 대흥리 569	063-243-8091	170
송광사	전남 순천시 송광면 송광면 신평리 12	061-755-0107	31
수덕사	충남 예산군 덕산면 사천리 20	041-337-6565	209
수도사	경북 영천시 신녕면 치사리 311	054-337-0730	91
신륵사	경기 여주군 여주읍 천송리 282	031-885-2505	82
실상사	전남 남원시 산내면 입석리 50	063-636-3031	107
연곡사	전암 구례군 토지면 내동리 1017	061-782-7412	13
오어사	경북 포항시 남구 오천읍 항사리 34	054-292-2083	206
옥천사	경남 고성군 개천면 북평리 408	055-672-0100	135
용문사	경기 양평군 용문면 신점리 625	031-773-3797	62
용연사	대구 달성군 옥포면 반송리 882	053-616-8846	173
용주사	경기 화성시 송산동 188	031-234-0040	58
운주사	전남 화순군 도암면 대초리 20	061-374-0660	181
월정사	강원도 평창군 진부면 동산리 63	033-339-6800	178
자재암	경기 동두천시 상봉암동 산1	031-865-4045	53
장곡사	충남 청양군 대치면 개곡리 15	041-942-6769	163
전등사	인천 강화군 길상면 온수리 635	032-937-0125	87
직지사	경북 김천시 대항면 대성리 316	054-436-6084	114
천장사	충남 서산시 고북면 장요리 1번지	041-663-2074	67
통도사	경남 양산시 하북면 지산리 583	055-382-7182	94
파계사	대구 동구 중대동 7	053-984-4550	145
표충사	경남 밀양시 단장면 구천리 31-2	055-352-1150	117
해인사	경남 합천군 가야면 치인리 10	055-934-3000	200
향일암	전남 여수시 돌산읍 율림리 산7	061-644-4742	120
화엄사	전남 구례군 마산면 황전리 12	061-782-7600	150
흥국사	전남 여수시 중흥동 17	061-686-5633	110
희방사	경북 영주시 풍기읍 수철리 1-1	054-638-2400	98